# 초등 영어,
# 엄마표 영어로
# 시작합니다

# 초등 영어,
# **엄마표 영어로**
# 시작합니다

김희진 지음

R

방학 때는 한 달 이상 해외나 제주도로 아이들과 여행을 하며 함께 시간을 보내고 있습니다. 아이들이 어릴 때 좀 더 자유로운 환경을 만끽하며 자라기를 바라고, 그런 기억들이 커가는 데 큰 힘이 된다고 믿기 때문입니다. 하지만 방학이면 쏟아지는 각종 특강과 보강 그리고 한 달씩 학원을 멈추기는 쉽지 않습니다. 아이가 고학년이 되어 갈수록 종종 듣게 되는 주변의 조언도 여행을 망설여지게 만듭니다.

우연히 첫째는 4~5세 때부터, 둘째는 젖먹이 때부터 잠자리 책 읽어주기를 시작으로 엄마표 영어를 하게 되었습니다. 긴 여행을 하든, 짧은 여행을 하든 아이들이 읽던 책과 CD플레이어를 항상 가지고 다녔습니다. 그리고 집에서 하듯 저녁을 먹고 난 후 바로 테이블에 앉아 영어책 읽기를 하는 루틴을 그대로 이어갔습니다. 결과에 대한 확신은 없었고 늘 의심을 하면서도 다른 어떤 것을 해야 할지 잘 모르고, 아이들과 재미있게 놀아주지도 못하는 부족한 엄마라 계속해서 이 습관만을 이어갔습니다. 과정에서 부딪히는 어려움과 예측할 수 없는 결과에 불안함은 그대로 가지고 말입니다.

시간이 지난 후 시간과 장소에 구애받지 않고 '매일' 실천할 수 있어, 한두 달씩 학원을 보내지 않아도 불안하지 않은 튼튼

한 기초공사를 해왔다고 절실히 느꼈습니다. 또한, 매일 꾸준히 책을 읽어가면서도 계속해서 저를 괴롭혔던 질문인 '과연 책만 읽어서 아이가 말을 할 수 있을까, 이렇게 하면 읽기 독립을 할 수 있을까'라는 의문에 대한 답을 구할 수 있었습니다.

이 책은 그러한 과정을 겪으면서 느꼈던 결과에 대한 경험 담이며, 일상 속에 스며들어 있는 저희만의 공부법을 엿볼 수 있습니다. 처음에는 어떤 책을 어떻게 읽어야 하는지 고민했다면 시간이 갈수록 아이가 좋아하는 책을 찾는 일에 집중하게 되었습니다. 이 책을 통해서 말씀드리고 싶은 것은 집마다 문화도 상황도 다른 만큼 '지금 우리가 딱 할 수 있는 만큼만 매일 실행에 옮겨 보자는 것'입니다.

일상 속에 있는 영어책 읽기라서 길게 보아야 하는 것이 엄마표 영어입니다. 아이가 힘들어하거나 안쓰러워 보여서, 아이가 영어를 싫어하게 될까 봐 등 엄마의 앞선 걱정을 지우고, 고비를 넘기면 아이가 더 큰 영어가 들리고 말할 수 있는 희열의 순간을 맞이할 수 있을 것입니다. 힘들었던 순간순간의 기억이 아이에게는 큰 성취감과 자신감으로 더 넓은 세상을 만날 수 있을 것입니다.

김희진 드림

< 차례 >

**머리말 \* 05**

Class 01

# 엄마표 영어를
# 두려워 마라

우리 아이가 어떤 도전 앞에 국경이나
언어라는 제약 없이 더 넓은 세상을 더
많은 기회를 만날 수 있기를 바랍니다.

# 01
*
# 영어 공부의 목표를
# 잊지 말자

'언어는 도구다'라는 말을 많이 들었지만, 실제 학교에서 배우고 시험 보는 영어는 여전히 스킬입니다. 영어는 언어이기 때문에 시험 성적을 위해 공부하거나 배우게 하고 싶지가 않았습니다. 뛰어난 재능을 물려주지도 못했는데, 영어 하나 만큼은 엄마보다 나았으면 좋겠다는 생각이었습니다.

아이가 현지인처럼 외국인과 자유롭게 소통하는 상상을 해봅니다. 언어는 그 아이의 세계라고 합니다. 좋아하는 작가의 작품에 푹 빠져 번역본이 아닌 온전히 원서 그대로를 읽고 느끼기를 원합니다. 할리우드 영화를 자막 없이 보고 받아들이며 감동하고 깔깔거리기를 바랍니다. 또한 설레는 여행에 앞서 여행 준비를 할 때 서점으로 달려가 여행 영어책을 먼저 준비하지 않기를 바랍니다. 아이가 스스로 무언가를 검색하고 구할 때도 구글이나 유튜브에서 거리낌 없이 영어를 사용하여 더 다양한 정보를 얻을 수 있기를 바랍니다.

어떤 도전 앞에 국경이나 언어라는 제약이 없이 세계 속에서 더불어 살아가기를 바랍니다. 그러기 위해서 영어를 배우는 과정이 정해진 패턴의 반복적인 단순 암기가 아니라, 틀린 문장이라 하더라도 아이가 말을 많이 해보고, 많이 써보고, 많이 읽어보는 경험을 통해 언어를 습득하기를 바랍니다. 비슷한 의미의 단어 중에서 아이가 직접 선택한 어휘를 이러저러한 상황에서 사용하고, 자연스러운지 부자연스러운지 스스로 체득하며 수정하고 알아가는 과정, 낯설게만 들리던 영어를 알아듣게 되고 말을 하게 되는 순간들의 짜릿함을 스스로 맛보기를 바랍니다. 또렷이 기억나진 않지만, 우리가 태어나 한국어를 배울 때도 그런 순간을 부모님이 주신 환경에 의해 나 스스로 맞이하지 않았을까요? 우리 아이만큼은 영어 또한 모국어를 배우는 과정처럼 겪으며 익혀가기를 바랍니다. 언어이기 때문입니다.

그것이 비단 영어만을 말하는 것이 아닙니다. 제2외국어도 마찬가지입니다. 영어 하나 하기도 힘든데 혹은 다른 과목을 공부할 시간도 없는데 제2외국어라는 부담감은 있지만, 그 한계

를 부모가 단정 짓지 않는다면, 아이들은 언어를 통해 더 넓은
세상을 더 많은 기회를 만날 수 있습니다.

저는 피지라는 남태평양 작은 섬나라에 방학마다 아이들과
여행을 가고 스쿨링을 하면서 다양한 언어를 유연하게 받아들
이며 살아가는 그곳 사람들의 놀라운 삶을 보았습니다. 학교 아
이들의 부모는 UN 같은 국제기구 직원들이 많았고, 그들과의
대화는 자연스럽게 언어 이야기부터 시작했습니다. 친하게 지
낸 일본인 엄마는 아랍어를 전공한 후에 UN에서 남태평양 작은
섬나라들의 기후 변화 관련 일을 시작하게 되었다고 합니다. 처
음 들어보는 작고 신비로운 섬나라의 환경과 그들의 이야기는
흥미진진했습니다.

아이들을 학교에 보낸 후 프랑스 공익단체인 알리앙스 프랑
세이(Alliances Francaises)의 쿠킹 클래스를 갔을 때, 유럽권의
친구들이 자기소개를 하는 모습 또한 인상적이었습니다. 너나
할 것 없이 기본적인 인적사항을 말하고 그 다음은 나는 어떤
어떤 언어를 사용할 수 있다. 나의 제2외국어 제3외국어는 어떤
언어라고 자연스럽게 덧붙이는 모습에서 그들이 얼마나 다양한
문화와 언어 속에서 더불어 살아가는지 느낄 수 있었습니다.

또한 피지의 현지인 친구는 근처 작은 섬나라인 키리바시
언어를 할 수 있어, 그 섬나라에 정화시설을 설치하는데 소통할
수 있는 사람을 원해 UN 채용에 합격한 것도 보았습니다.

피지는 다양한 문화와 인종이 공존하고 있어 어려서부터 여

러 언어를 들으며 자라는 환경에 있습니다. 한 친구도 한국어를 배울 수 있는 환경이 된다면 6개월 안에 대화를 할 수 있을 거라는 자신감을 보여주었습니다. 그런 모습을 보면서 우리 아이들도 새로운 언어와 문화에 대한 두려움 없이 유연하게 자라기를 바라는 마음이 조금씩 자리 잡았습니다. 예를 들어 아이가 커서 제빵을 배우고 싶다고 한다면 일본에 가서 배우고 프랑스에 가서 새로운 것을 배우는 일이 언어로 인해서 망설여지거나 미루어져야 하는 일 없이 본연의 일에 집중하며 자신의 영역을 키워갈 수 있도록 말입니다.

그러기 위해서 더욱더 단어 암기나 문법적인 끼워 맞추기식의 영어를 배워서는 안 된다고 생각했습니다. 이전에 저는 그렇게 배웠지만, 언어를 배우기 위한 좋은 방법이 아니었던 것을 경험했기 때문에 아이에게는 좀 더 나은 방법으로 영어를 언어로 몸으로 체득하고 습득하기를 바랐습니다. 그래서 저는 꾸준히 영어책을 읽고 미디어를 통해서 자연스러운 대화를 배울 수 있는 방법을 선택했습니다.

아이가 커갈수록 우리는 모국어로 책을 읽어주고 스스로 읽기를 바라고 글을 깨우치도록 합니다. 이 과정은 아이가 태어나 모국어를 배우는 과정이며 외국어라 하더라도 다르지 않습니다. 다만 일상생활에서 영어로 대화를 듣고 자랄 수 있는 환경이 아니기 때문에 미디어를 통해서 자연스러운 대화에 노출하고자 했습니다. 아이들의 영어를 내가 마스터시킨다 혹은 아이를 외국 고등학교나 대학교에 보내겠다는 거창하고 원대한 목표는 없었습니다.

집에서 아이와 함께 외국어를 학습해 나가는 과정과 그 결과에 대한 불확실함이 늘 마음속에 있었고 무엇보다 아이가 아니라 내가 잘 이끌고 나갈 수 있느냐는 저 자신에 대한 불안함이 컸습니다. 하지만 제가 지금 할 수 있는 유일한 방법이기에 부족한 엄마이지만 우리의 일상에 영어가 자연스럽게 자리를 잡게 만들어야겠다는 목표를 되새기며 마음을 굳게 다잡았습니다.

*

# 엄마는 영어 못해도
# 아이는 잘할 수 있다

엄마표 영어 고수들을 보면서 '아! 저분은 영어를 굉장히 잘 해서 집에서도 아이와 영어로 대화하고 공부를 하나 보다'는 생 각을 했었습니다. 어떤 책에서는 직접적으로 엄마가 같이 공부 를 해나가야 한다고 강하게 이야기하는 책도 있습니다. 책 하 나 읽어주는 일도 쉽지 않은데 내가 공부까지 해야 하나, 여간 부담스러운 일이 아닐 수 없습니다. 한편으로는 이 기회에 나도 늘 연초 계획으로만 남아있던 영어를 정복해 보자는 생각도 가 지게 되었습니다.

아이들이 등원 후 오늘 읽어 줄 영어 그림책을 미리 소리 내어 읽어보고 원어민처럼 아이들에게 책 읽어 주는 상상을 하기도 했습니다. 물론 현실은 그렇지 못했습니다. 몇 번 읽어 본다고 원어민 발음이 나오진 않았습니다. 성인을 대상으로 하는 영어책 낭독 카페 스터디에도 참여했는데 시작하고 나면 바쁜 일이 생겨 우선 순위에서 벗어나기 일쑤였습니다.

아이들과 피지에 있는 방학 동안에는 아이들을 학교에 보내고 저는 현지인에게 영어 과외를 받으며 한 미국 사이트의 TESOL 자격증*도 수료했습니다. 이론은 이론일 뿐 아이와 유창하게 대화를 하거나 가르칠 만큼 실력이 향상되는 일은 아니었습니다.

책에서 본 그대로 살결에 잘 써지는 펜을 사서 아이들에게 질문할 영어 문장을 팔에다 써놓고, 설거지를 하며 외우고 아이들과 영어로 대화를 이끌어도 보았습니다. 질문과 대답이 오가고 이야기가 이어져야 재미가 있겠지만, 한 문장 말해 보는 것과 단순한 대답 이후 더는 이야기가 이어지지 않아 단답형으로 끝나 버렸습니다. 한국어로 질문을 하고 아이와의 대화를 이끌 수 있는 것도 엄마의 한국어 실력이 아이보다 뛰어나서일 텐데 엄마의 영어 실력이 높지 않으니 대화를 이끌어 가지 못하고 저도, 아이들도 영어로 대화하는 시간이 흥미롭지 않았습니다.

모든 일들이 단기적인 노력만 되었습니다. 하지만 끝까지 하지 못한 저 자신을 자책하기보다는 순간순간 최선을 다 했으면 되었다고 자신을 위로했습니다. 아이들과 함께 노력하는 작은 믿음의 순간들이 쌓여갔기 때문입니다. 또한 도움을 받기 위하여 읽은 유명 저자의 책이나 인플루언서의 스터디 프로그램을 참고하여 따라 해 보기도 하였지만, 그들의 넘치는 열정을 내가 100% 흡수하여 다 따라갈 수 없음을 인정하고 내가 할 수 있을 만큼만 딱 해보자! 하지만 매일! 이라고 마음을 먹었습니다.

비겁하게 들릴지 모르겠지만 그 후부터는 아이들의 영어 공부를 위해 엄마의 영어 실력을 향상하는, 별도의 공부나 영어로 아이들과 대화하려는 노력은 하지 않았습니다. 나의 영어 실력 향상을 배제하니 부담스럽게만 느껴졌던 일이 한결 가벼워짐을 느꼈습니다. 좀 더 아이들을 면밀히 관찰하고 아이가 흥미 있어 하는 이야기책을 고르거나 매일 해야 하는 시간을 확보하거나 습관을 만드는 등 아이들이 책으로 영어 공부를 해가는 데 큰 가이드라인 역할을 하기 위해 노력했습니다. 아이들이 영어책을 읽어 가는 과정에 집중하여 영어책을 읽을 시간을 규칙적인 일상으로 만들고, 어떤 책을 읽을지 어떤 방법으로 읽을지 독후 활동을 해볼지 등 아이들이 잘 따라올 수 있는 길을 만들어 주는 역할에 집중하고자 했습니다. 사실 엄마가 영어를 가르치는 것이 아니라 환경을 만들어 주면 아이 스스로 습득할 수 있는 게 언어입니다. 한국어를 하나하나 가르쳐서 아이들이 말을 시작하고 글을 읽기보다는 한국어를 쓰는 환경에 의해서 아이들이 습득한 것처럼 말입니다.

　아이와 같이 오디오북으로 책을 읽다 보면 어른인 저는 새로운 단어에 눈이 멈추어져 이건 뭐지 혹은 뒤에서 수식해야 하는 수식어구나 식의 '해석'을 이어나가니 빠른 오디오 속도에 맞추어 문장의 의미를 이해하는 속도가 느려집니다. 그러니 이야기의 재미를 느낄 새가 없습니다. 하지만 아이들은 다릅니다. 모르는 단어가 있더라도 개의치 않고 한 문장 그리고 그 챕터 속의 이미지를 머릿속에 그리며 전체적인 의미를 파악하고 있다는 것이 느껴졌습니다. 아이들이 이해하고 듣고 있는 것인지 무척 궁금했지만, 일단은 오디오북을 들으며 눈으로는 글을 잘 따라가며 집중하고 있는 아이를 방해하고 싶지 않아서 참고 기다렸습니다. 그러다 보니 아이들이 가끔 먼저 말을 했습니다. '엄마 나라면 무서웠을 텐데 애니는 대단해' 혹은 '이전 챕터에서는 크루가 있다고 했는데 이상하네?' 등의 이야기 속 이야기를 말했습니다. 궁금해하는 엄마의 마음을 읽은 듯 아이가 가끔 툭툭 내뱉어 줄 때마다 정말 큰 기쁨을 느꼈습니다. 이렇게 아이가 단어, 문장을 넘어 이야기 속에 있구나 하는 믿음이 조금씩 생겨났습니다. 제가 이 문장을 어떻게 해석해야 한다고 가르치지 않았음에도 아이는 그 자체로 받아들이고 있다는 믿음입니다.

*TESOL 자격증 : 국제 영어 교사자격증

# 03
*
# 생활 속에서 함께하는
# 영어 습관을 만들어라

아이와 함께 매일 공부를 한다는 것은 엄마의 의지가 가장 중요합니다. 그리고 그 의지는 습관이 되어야 합니다. 저 또한 아이가 매일 책 읽는 습관을 갖는 것 보다 엄마가 함께 하는 습관을 만드는 것이 우선이라는 걸 깨달았습니다. 아이들이 매일 책 읽는 습관을 만들고 항상 배경 소리를 영어로 채워주는 것을 말합니다.

엄마표 영어라는 것은 엄마의 도움이 가장 중요합니다. 지금까지 살면서 무언가를 꾸준히 해내어 성취감을 느낀 기억도

손에 꼽을 정도였지만 큰맘 먹고 이번엔 꼭! 이라며 다짐했지만 가끔은 깜빡깜빡 잊어버리기도 했습니다. 그렇기에 우리 아이의 영어를 책임지는 사람이 내가 되어 끝까지 아이의 손을 잡고 갈 자신이 있을지 겁이 났습니다. 오히려 아이들이 아니라 내가 하다 말아 버리는 건 아닌지, 언제까지 해야 하는지, 이 과정 다음에는 어떻게 해주어야 하는지 등 꼬리를 무는 질문들이 저 자신을 불안하게 만들었습니다. 하지만 마음이 흔들리거나 어떻게 할지 감이 안 잡힐 때도 문법이나 단어 위주로 공부하는 스타일의 학원만큼은 보내지 않아야겠다는 다짐이 생기는 걸 보고 '아! 나는 홈스쿨링을 해야겠구나' 하며 마음을 다잡았습니다.

엄마도 아이에게도 가장 엄격하게 지켜야 하는 것이 습관입니다. 엄마가 얼마나 꾸준히 지속적으로 이끌어주느냐에 성패가 달려 있다고 해도 과언이 아닙니다. 새로운 것을 배워가는 과정에 즐거움과 흥미만 있을 수는 없습니다. 신나게 시작하지만 매일이 고비입니다. 잘 모른다거나 어렵다거나 하는 갖가지 이유를 대며 영어책을 읽기 싫다고 하는 아이의 손을 놓지 말아야 합니다. 엄마와 집에서 공부하는 것 중에서 가장 어려운 부분이기도 합니다. 그렇다고 몇 시부터 몇 시까지는 영어 공부 또 몇 시 부터 몇 시 까지는 수학 공부, 이렇게 계획을 세우고 실행한 것에 줄을 그으며 뿌듯해 하는 습관을 유지하기 힘들 수도 있습니다. 우리 아이는 수험생이 아닙니다. 이렇게 하다가는 아이보다 엄마가 먼저 지쳐버립니다.

매일 해야 한다는 큰 틀 안에서 유연하게 시간을 정하여 지속적으로 할 수 있는 방법으로 진행을 하는 것이 습관을 만들기 쉽습니다. 저 같은 경우에는 저녁을 먹고 난 후부터 잠들기 전까지의 시간이 아이와 함께 집에서 온전히 머무는 시간입니다. 그래서 항상 그 시간에 좀 더 신경을 써서 책을 읽는 시간을 만들고 영어에 집중하는 시간을 만들었습니다. '저는 가랑비에 옷이 젖겠지'하는 말을 마음속으로 자주 되뇌었습니다. 아니 그렇게 되었습니다. 오늘 하루 영어책을 읽었다고 해서 아이의 영어 실력이 눈에 띄게 향상되는 것이 아니기에 매일 자신의 마음을 다잡을 필요가 있었습니다. 그럴 때면 혼자 마음속으로 되뇌며 자신을 위로해 주던 말입니다. 아이가 정말 하기 싫어 울 때도 눈을 감고, 마음을 다독거리고 아이를 달래가며 그 순간을 끌고 갔습니다.

일상 속에서 영어 듣기를 생활화하라
해외여행을 가면 공항에 내려서부터 한국어보다 영어 소음이 들리기 시작하고, 공항에 내려 호텔로 가는 택시를 타도 라디오에서 흘러나오는 영어 소리도 내가 지금 외국에 왔음을 말해줍니다. 참 설레는 순간입니다. 매일 여행지에 있는 것처럼 집 안에서 영어가 배경 소리로 들리도록 만듭니다. 전략적으로 아이들이 흥미를 가질 만한 배경 소리를 신나는 음악, 재미있는 스토리 북, 이미 읽어서 익숙한 책, 앞으로 읽어야 하는 책 등의 소리를 들려주어 무의식적으로 영어에 노출되게 합니다. 아이가 듣기 싫다고 끄라고 하더라도 엄마가 영어 공부하려고 틀어 놓는 거니 신경 쓰지 말라고 배짱을 부리며 엄마는 늘 그래 혹은 그러려니 하는 마음이 생길 때까지 의도적으로 매일 집안 가득 영어 소리로 채워줍니다. 아침에 눈을 뜰 때 알람 소리로, 제가 설거지를 할 때, 아이들이 놀 때 등 무의적으로 들을 수밖에 없는 상황이 생기면 항상 영어로 된 소리를 무엇이든 틀어놓았습니다.

앞으로 해야 할 책을 미리 들려주는 것은 다음 책 혹은 다음 단계의 낯선 소리에 대한 거부감을 줄여주고, 그 소리에 익숙해지기 위해서입니다. 책의 레벨(AR)이 높아질수록 단어나 문장의 난이도가 갑자기 높아져 어려움을 느낀다기보다는 오디오 북의 속도가 빨라져 어렵다고 느낄 수 있습니다. 그 속도에 아이가 당황하고 어렵다고 느끼기 때문에 빠른 리딩 속도에 적응하기 위해서 미리 귀를 촉촉하게 적셔주는 것입니다. 어느 정도 실력이 되어 눈으로 읽을 때는 천천히 읽어가더라도 빠른 속도에 적응해야 하는 이유는 일상생활을 할 때 원어민 역시 빠르게 말을 하기 때문입니다. 생활 회화의 빠른 속도를 따라 말하기 위해서는 듣기를 통해서 원어민의 속도에 적응하며 읽기 말하기 듣기의 기초적인 부분을 구분하지 않고, 같이 해나가는 것입니다. 결국 훗날 회화를 하기 위한 한 부분이기에 반드시 거쳐야 하는 과정이라고 생각합니다.

해리포터 정도를 읽으면 엄마표 영어는 끝난 거야! 아이는 읽기 독립을 하는 거라고 끝을 정해놓으면 빠른 오디오북의 소리를 들을 기회가 없습니다. 시작하는 아이의 수준도 다 다르듯이 끝나는 시점도 아이마다 다릅니다. 아이가 어느 정도 책을 읽을 정도가 되면 모르는 단어는 개의치 않고 읽어나가게 되고 전체적인 흐름을 파악하며 내용을 이해하기 때문에 아이의 읽기 실력에 가속도가 붙습니다. 아이가 따라오는 한은 계속 쭉쭉 레벨을 올려가면서 빠른 속도, 많은 문장을 듣고 읽으며 가속도가 붙었을 때 최고점까지 끌고 갑니다. 그 후에야 비로소 아이가 영어를 즐길 수 있는 시점이 오기 때문입니다.

### 영어에 노출되는 시간을 자연스럽게 늘려줘라

날씨가 더운 여름에는 저녁을 먹고 난 후 아이들이 욕조에서 물놀이를 즐깁니다. 간혹 샤워 후에는 책상에 앉아야 한다는 것을 눈치 채고 일부러 늦게 나오는 날도 있습니다. 물론 물 속에서 노는 것이 재미있어 샤워하는 시간이 길어지는 날도 있습니다. 저녁 먹고 늘 해오던 책 읽기 시간도 늦어지고 늦게 잠자리에 들면 다음 날 아이들이 일어나는데 지장이 생기니 빨리 나오라고 잔소리를 하게 됩니다. 그런데 그런 사소한 잔소리는 길게 봐야 하는 교육 현실에선 늘 경계 대상입니다. 너무 사소한 것부터 잔소리 혹은 강요 섞인 말들을 하게 되면 아이들이 커가면서 자기 주장이 강해지는 날 부딪히는 강도만 세질 것 같은 두려움이 앞섰습니다. 그래서 표면적으로 드러나는 빨리 공부해야 해 등의 잔소리나 책상에 앉으라는 말은 줄이기 위해서 고민했습니다. 그래서 아이들이 듣던 말던 블루투스 스피커를 욕실에 비치하고, 주방에서 일을 하며 아이들이 물놀이를 하는 동안 영어 배경소리를 들려주었습니다. 노래를 들려주는 날에는 신청곡을 받을 때도 있었습니다. 주로 아이들이 좋아하는 것 네이버 오디오 클립의 탈무드를 많이 들려주었습니다. 다정다감한 목소리로 재미있게 들려주는 탈무드 이야기를 들려주는데 얼마나 듣고 또 들었는지 모릅니다. 둘째는 전혀 못 알아듣는 상태부터 듣다가 이해하는 수준까지 듣기 실력이 향상되었고, 탈무드 이야기와 목소리는 여전히 좋은 기억으로 남아있습니다. 저 또한 아이들이 물놀이를 하는 시간이 길어지더라도 영어 소리를 듣고 있다는 안도감에 조급한 마음이 한결 편한 마음으로 바뀌었습니다.

### 내비게이션보다 유튜브 먼저 틀기

둘째 아이의 유치원은 차로 10분이 안 되는 거리였습니다. 그 시간에 아이와 이야기를 나누기도 하지만, 대부분 먼저 차에 앉자마자 한 일은 내비게이션을 켜기 전 유튜브로 아이가 즐겨보는 채널을 켜는 것이었습니다. 아침이다 보니 주로 아이가 유치원에서 배우거나 즐겨 듣는 유튜브는 Super Simple Song입니다. 짧은 시간이지만 2~3분짜리 노래 두어 곡을 들을 수 있는 값진 시간이었습니다. 짧은 시간에도 늘 영어로 배경 소리를 들려주기 위한 저만의 작은 습관입니다. 차에 앉으면 늘 내비게 이션보다 영어 소리를 먼저 들려주었습니다.

독박육아를 하는 저는 눈만 마주치면 싸우는 세 살 터울 아이들이 너무나 버거워 주말, 제가 가장 편할 때가 언제인지를 고민했습니다. 아이들이 차 안에서 잠이 들고 도로를 달리는 고요한 시간이 차라리 편했던 저는 집에서 1시간 이상이 걸리는 강원도 여행을 당일치기 하곤 했습니다. 차 안에서만큼은 가만히 잘 있는 편이었고, 차 안에서 챕터북의 CD나 넷플릭스 혹은 오디오 클립을 틀어주면 아이들은 흘러나오는 소리나 화면에 집중할 수 밖에 없는 시간이 되었습니다. 그러다 잠이 들기도 하고요. 일부러 장거리를 가지 않더라도 이동하는 시간, 차 안에서는 영어 소리에 집중하는 시간으로 활용했습니다. 일단 아이들은 안전벨트 안에서 움직이지 않고 들을 수밖에 없는 상황이 만들어졌기 때문입니다.

매일 영어책 읽기
아침에 아이 기분이 좋으면 엄마 말을 잘 따라 줄테니 아침에 한번 해 볼까 하며 아이를 책상에 앉히는 날이 있습니다. 어떤 날에는 아이가 너무도 집중이 안돼 책 읽기를 하루 건너뛰더라도 영어 소리가 나는 영화나 음악을 들려주며 하루를 채우기도 합니다. 초기에는 다른 무엇보다 영어 노출의 양과 습관으로 승부를 걸어야 합니다. '자, 영어책 읽을 시간이야. 영어 공부할 시간이야'가 아니라 지금 무엇을 하는지 귀가 무엇을 듣고 있는지 알게 모르게 자연스럽게 항상 배경 소리가 나도록 무엇이라도 틀어놓는 것입니다. 아이는 책을 읽지 않고 음악을 듣고 있고 영화를 보면서 영어에 아이가 매일 노출되고 있는 일은 하루도 빠짐없이 진행이 되고 있는 것입니다.

엄마표 영어에서 가장 경계해야 하는 마음인 조급한 마음과 불필요한 잔소리에서 멀어질 수 있습니다. 아이들 역시 습관적으로 하루하루 하다 보니 어느샌가 자기 주도적으로 영어를 혹은 엄마 숙제를 충분히 할 수가 있습니다. 제가 아픈 날에도, 볼일을 보러 밖에 나간 사이에도, 아이들끼리만 집에 있는 시간에도, 아이들은 스스로 그 시간을 영어책 읽는 숙제를 먼저 하는 분위기가 조성이 되었습니다. 저도 아이들도 그 안에서 성장과 안정을 서서히 느끼게 되었습니다.

저는 엄마표 영어의 모든 공은 매일 조금씩 하는 것에 달려 있다고 생각합니다. 많은 전문가의 문해력에 대한 책을 읽으며 지금 우리가 하고 있는 것이 결국 문해력의 기초 공사구나 하는 것을 느꼈습니다. 국어 문제 풀이로 문해력을 기르는 것이 아니며, 교과서나 수능에 나오는 지문을 책으로 미리 읽는 것이 문해력을 기르는 것이 아니라고 생각합니다. 그 첫 발은 재미있는 책을 만나는 것으로 시작하여 매일 조금씩 읽은 책으로부터 기반을 다질 수 있는 것입니다.

〈생활 속에서 함께하는 영어 공부 습관〉
1. 일상 속에서 영어 듣기를 생활화하라
2. 자연스럽게 영어에 노출되는 시간을 늘려줘라
3. 내비게이션보다 유튜브 먼저 틀기
4. 매일 영어책 읽기

# 04
*
# 영어 학원 대신
# 홈스쿨링

대개의 가정에서 초등학교 입학과 동시에 영어 학원을 보냅니다. 학교 끝나고 바로 버스를 태워 영어 학원을 보내는 일정으로요. 저도 그것이 꿈이었습니다. 학원을 보내고 아이를 기다리는 혼자만의 시간을 꿈꾸었습니다.

그런데 첫째 아이 초등학교 입학 전 1월, 우연한 기회에 영어권의 작은 섬나라인 피지에 가게 되었습니다. 우리나라 70~80년대쯤 되는 나라였기에 주변에서 '이왕이면 아이들을 생각해서 좋은데 가라', '영어 발음 다 버린다'는 조언도 들었습니다. 그렇지만 아름다운 섬나라의 매력에 흠뻑 빠져 첫째의 방학 일정에 맞추어 피지로 여행 겸 스쿨링을 떠났습니다. 해외 스쿨링을 하는 것에 앞서 영어 유치원을 다닌 것도 아니고 영어에 노출이 많았던 아이들도 아니었지만 언어를 습득하는데 있어 모든 아이가 특별한 적응력이 있다는 연구 결과가 있는 만큼 아이들을 믿었습니다.

한국인은 없고 현지인만 있는 국립학교, 사립학교 유치원에 아이들을 보냈습니다. 한두 달 동안 듣지도 말하지도 못하는 학교생활이었지만 첫째는 너무 적응을 잘하며 지내는 반면, 둘째는 매일 아침마다 영어를 쓰는 친구들밖에 없는 학교는 가지 않겠다고 눈물로 등원을 했었습니다.

피지에서의 스쿨링이 저를 굉장히 자극했나 봅니다. 아이들이 현지 아이들처럼 말을 하고 현지 아이들과 스스럼없이 대화했으면 좋겠다는 마음이 앞섰습니다. 매년 방학 때마다 섬나라 피지에 가고 싶다는 생각에 아이들의 영어 공부가 발등에 떨어진 불처럼 느껴졌습니다.

한국에 돌아오자마자 대형 프랜차이즈 학원에 등록을 했습니다. 학원은 숙제가 많았습니다. 그래서 아침 시간을 활용하기로 했습니다. 저도 아침형 인간이 아니면서 수능에만 모든 것을 거는 10대를 만들지 않겠다고 다짐하면서도 공부를 하려면 아침에 집중하는 습관을 들여야 한다며 책에서 본 그대로 여덟 살

짜리 아이가 아침에 집중해서 영어 숙제하기를 바랐습니다. 아침에 눈을 뜨자마자 물 한 모금 먹지 않은 아이를 책상으로 이끌어 숙제를 시키고 옆에서 아침부터 흥을 돋우려 엄마가 더 큰 목소리로 파닉스 노래를 따라 불렀습니다. 그렇게 두 달이 지난 어느 날 방과 후 아이와 벤치에 앉아 이야기를 나누었습니다.

"영어 학원은 어때? 재미있어? 숙제하는 거 힘들지?"
"음… 엄마가 싫어할까 봐 말 못 했는데 영어 학원 안다니면
안 돼?"

첫째 아이는 외국 학교에서도 그랬듯이 낯가림이 없고 새로운 것에 두려움이 없는 편이라 제가 해 보라고 권하는 것을 잘 따라와 주는 편이었습니다. 그럭저럭 학원 생활을 잘하고 있으리란 기대감을 가지고 있었는데 첫째의 말을 듣고 순간 멍하니 아무 말도 할 수가 없었습니다. '엄마가 싫어할까 봐…'라는 말이 귓가에 맴돌아 사라지지 않았습니다. 그즈음 저 역시도 아이 숙제인지 엄마 숙제인지도 모를 이 과정을 아침마다 언제까지 해야 하는지 하루하루 버겁게 느껴지기 시작했습니다.

'원어민 선생님도 계시고 내가 배우던 때와는 다르지 않을까'라는 생각을 가지고 있었는데 조금씩 학원 과정에 대한 의구심도 들었습니다. 모든 영어 학원의 학습 과정이 같은 것은 아니지만 보통 유치원에서 배운 파닉스를 다시 배우기 때문에 초

등학교 1학년이면 짧은 문장부터 시작하면서 파닉스를 복습하듯 익힐 수 있었습니다.

영어는 Tricky Word라고 하는 불규칙한 발음이 많기 때문에 그때그때 그 단어가 나올 때마다 발음을 익혀야 하는 부분도 있습니다. 그래서 파닉스를 다 끝냈다고 해서 글을 읽을 준비가 되었다고 할 수는 없습니다. 많은 문장 속에서 새로운 단어의 파닉스 발음을 익혀야 합니다. 하지만 학원에서는 초등학교 1학년이라 파닉스부터 다시 시작했습니다. Apple도 읽지 못하는 아이인데 쓰기도 병행해서 하며 단어 암기를 시작하는 것을 보며 내가 이전에 배웠던 단어 문법 위주의 공부법과 닮았다는 생각이 들었습니다.

그렇게 두 달 남짓 다니던 학원을 그만두었습니다. 자신 있게 이건 아니라고 그만 둔 학원이었지만 학원이라는 큰 산을 등지고 나니 이제 영어는 어떻게 하지? 하는 불안감이 밀려왔습니다. 학원을 가던 시간에 아이들을 데리고 서점을 다니기 시작했습니다. 중고서점이나 영어 서점 등을 다니고 영어 과외도 알아보았습니다. 한국어 선생님 과외는 This는 이것 That은 저것이라고 가르쳐서, 어렵게 알아본 필리핀 선생님은 자신이 오랫동안 가르쳤던 특정 회화 교재만 고집해서 인연이 닿지 않았습니다.

학원도 과외 선생님도, 마음에 차지 않았기에 더는 물러날 곳이 없어졌습니다. 내가 무엇을 해야 하냐는 고민만 할 즈음에 서점에서 우연히 집어 든 책은 〈잠수네 프리스쿨 영어 공부법〉 책이었습니다. 밥하고 빨래하고 아이들 싸움을 말리면 하루가 다 가고 영어를 놓은 지가 15년이 훌쩍 넘어가는 것 같은데, 이런 내가 영어를 가르친다고? 끈기 없는 내가 잘 할 수 있을지 부담감이 가슴을 눌렀지만, 결론은 다시 학원으로 돌아갈 수는 없지 않은가 였습니다. 낮에는 서점에 가서 관련 책을 보고 아이들이 잠 든 밤에는 SNS 라이브 방송을 듣거나 스터디 카페를 검색하며 다양한 영어 공부법에 관한 정보를 익혔습니다. 그런 공부법들은 새로웠지만 가정에서 자연스럽게 언어를 노출시키는 방법이라 우리가 한국어를 처음 아이에게 알려주려고 노력했던 아이가 모국어를 익히는 본질과 닮아있지 않은가 하는 생각을 하며 조금씩 용기를 내보기로 했습니다.

## 05

*

# 스터디카페에서
# 공부법을 배워라

밤에 아이들을 재우고 나면 영어 학습 카페에 가입하여 엄마표 영어 저자가 진행하는 스터디를 구경하거나, SNS의 라이브 특강을 들었습니다. 새로운 그림책 소개도 받고 책을 읽어주기도 해서 잘못 배운 발음의 교정을 받는 등 초보 엄마표 영어를 하는 저는 많은 도움을 받았습니다. 그래서 미리 방송이나 스터디 일정에 알람을 해놓고 방 한쪽 구석에 노트와 연필을 준비한 후 아이들이 잠들기만을 기다리곤 했습니다. 피곤한 하루를 보냈지만 저에게 그런 방법을 무료로 배울 수 있는 것이 절

실했기에 아이들을 재우면서도 쉽사리 잠이 들지 않았습니다.

어떤 스터디 카페는 상업적이기도 하고, 어떤 카페는 처음부터 함께 해왔던 멤버들만의 모임 같기도 했습니다. 내용이 좋아 보여 참여 신청을 하면 알 수 없는 이유로 명단에서 제외되기도 하였습니다. 그렇게 실망스런 점도 있었지만 콘텐츠나 교재를 참고할 수 있었습니다. 스터디 개요나 진행 방법을 읽어보고 저도 흉내내어 따라 할 수 있었습니다. 어떤 카페에서는 제가 몰랐던 챕터북이나 교재에 대한 정보를 얻었고, 다른 카페에서는 신문을 읽고 암기하는 방법을 배워 아이에게 시도할 수 있었습니다. 그 스터디가 영어 공부의 전체는 아니고 참고해 가는 과정이라고 생각하며 부담 없이 우리가 하고 싶은 콘텐츠를 골라 담았습니다.

고수 엄마들이 추천한 책을 읽거나, 동네 영어 서점에서 진행하는 엄마표 영어 무료 강의를 참여하며 알려준 방법대로 해보았습니다. 또한 유명한 도서의 작가들이 진행하는 스터디카페나 참고할 만한 카페 블로그 등에서 자료를 찾을 수 있었습니다. 스터디마다 다르겠지만 카페에서 진행하는 스터디는 진행자의 친절한 스터디 과정 설명과 풍부한 자료가 주어집니다. 그것을 바탕으로 일주일 동안 해야 할 과제가 주어지고 그 과제를 인증하는 사진이나 영상을 일주일에 하나씩 업로드하는 방식으로 진행됩니다. 엄마가 직접 자료를 만들지 않아도 서점에서 파는 유료 교재 못지않은 좋은 자료가 공유됩니다. 이러한 스터디를 참여함으로써 물리적인 시간과 노력을 절약하고 다른 사람들의 좋은 공부 방법을 배우고 동참할 기회를 만들 수 있었습니다.

여러 가지 스터디에 참여해 봄으로써 책 읽기만 하던 단조로운 공부에서 좀 더 다양한 자료를 만들고 역할극을 하는 등의 경험을 접했습니다. 좀 더 액티브하게 할 수 있었고 우리에게 잘 맞는 공부법을 찾는데 도움이 되었습니다. 그렇지만 한 카페 내에서 모든 스터디에 참여하지도 않고 한 카페 주인이 유명하다거나 성공적인 방법으로 이끈다 하더라도 오롯이 그분이 하는 활동만을 따라가지는 않았습니다.

다른 아이들과 환경이나 생활 습관, 집안 문화가 모두 다르기에 누군가는 성공한 방법이라 하더라도 나에게는 같은 결과가 나오지는 않습니다. 중요한 것은 좀 더 우리 아이의 상황이나 수준에 맞게 재해석하여 적용해야 한다고 생각합니다. 예를 들어 아이가 읽기를 겨우 따라가고 쓰기에 부담을 느낀다면, 이번 스터디에서 우리는 읽기에만 집중하여 가는 겁니다. 그러다 보면 아이가 한 단계 성장해 있고 그 후에 또 다른 스터디를 통해서 읽기는 쉽게 넘어간 후 쓰기를 시작해 볼 수 있습니다. 이렇게 우리 아이의 수준, 상황을 엄마가 파악하며 중심을 잡아가며 우리만의 공부법, 습관을 만들어 갑니다.

# 06
*
# 아이에게 맞는
# 콘텐츠를 골라라

집안일로 정신없이 종일 지내다 보면 얼른 정리를 하고 아이들을 재우기 바쁩니다. 그러다 보면 아이와 차분히 앉아 공부하는 시간을 확보하지 못하고, 자거나 깜빡 잊고 지나갈 때도 있었습니다. 어떤 교재로 어떻게 공부를 해야 하는지, 아이가 제대로 이해했는지를 확인해야 하는지, 질문거리를 만들려면 아이보다 먼저 책을 읽고 미리 준비해야 하는 건지, 워크북은 해야 하는지 등의 물음이 생기고 고민이 깊어집니다.

아이마다 성향이나 공부를 시작한 시기, 받아들이는 능력이 모두 다릅니다. 이것을 가장 잘 파악할 수 있는 것이 바로 옆에 있는 엄마이므로, 좋은 스터디 혹은 프로그램 보다도 우리에게 잘 맞는지 지금 어떤 것이 필요한지 판단합니다.

때로는 가로로 풍부하게 단어나 문장의 양으로 늘려줘야 할 때가 있고, 양보다는 세로로 레벨과 난이도를 높여주어야 할 때가 있는데 그것은 카페 스터디로 채울 수 없는 부분입니다. 그렇기 때문에 카페의 스터디를 참고하여 공부법을 배우고 내 의지로만 잘되지 않는 부분과 좀 더 다양한 방법을 경험해 보는 데에 도움을 받는 장치로만 이용하였습니다. 다른 사람들은 잘 따라가지만 유난히 잘되지 않는 것도 있습니다. 중요한 것은 아이를 파악하여 필요한 것을 캐치하고 그것을 채워주며 우리만의 방법으로 흔들리지 않고 갈 수 있어야 합니다. 그것을 알아가는 데 시간과 노력이 필요하지만, 그것은 가치 있는 시간이므로 여러 공부법을 겪어가면서 아이가 잘하고 좋아하는 콘텐츠를 파악하려고 노력합니다.

### 아이의 성향에 맞게 학습법을 만들어라

스터디에 참여하는 다른 친구들의 과제도 볼 수가 있는데 '저 친구 정말 잘한다', '과제는 이 정도로 이런 방식으로 해도 되는구나' 등 학습을 잘하는 친구들의 실력을 보며 우리 아이도 저 정도가 되면 좋겠구나 부러워하기도 했습니다. 대개 10주 정도로 진행되는 과정 동안 완주를 못한 적도 많습니다. 첫째는 다른 아이들의 잘하는 모습에 자극을 받기 보다는 부담을 가졌습니다. '처음에 다른 친구처럼 해볼까'하고 영상을 보여주었더니 그것을 즐기지 못하고 스트레스를 받았습니다. 그 후로 다른 친구들의 모습을 잘 보여주지 않고 우리 아이가 하고 싶고, 할 수 있는 만큼을 목표로 했습니다. 처음에는 그것이 엄마 마음에는 차지 않을 때가 있었습니다. '다른 아이는 저렇게 자료를 백 퍼센터 활용하는데 우리는 이것 밖에 못하지 내 뜻대로 안되는구나'라며 혼자 한탄한 적도 많았습니다. 하지만 그 마음을 아이에게 표현하거나 감정적으로 대하지 않으려고 노력했습니다. 아직은 그 정도의 실력이 되지 않았을 뿐인데 지금 아이가 할 수 있는 그 이상을 원한다면 엄마에게는 욕심이 되고, 아이에게는 부담이 된다는 것을 어느 순간 깨달았습니다. 그것 또한 서로를 알아가는 과정이 되었습니다. 저희 아이는 다른 친구와 경쟁을 즐기는 스타일이 아니라는 것 역시 그때 깨달았습니다. 하지만 혼자 자료를 읽고 낭독하는 것은 곧잘 따라오고 있습니다.

청독을 하며 빠르게 읽어가는 스터디가 어려워 보여 내용을 충분히 알려주고 해보겠냐고 물어보면 내가 할 수 있는 만큼 해보겠다는 말도 가끔 해주었습니다. 그것만으로도 발전적인 거라 생각하고 그 이상을 요구하지는 않고 그 스터디 또한 완주하지는 않았지만 완주를 하지 못했다는 자책도 원망도 하지 않고 그러한 방법은 우리와 맞지 않는다는 것을 알게 되었습니다.

### 워크북이나 독후 활동을 별도로 하지 않았습니다

요즘에는 어린 아이들이 읽는 그림책마저 독후활동을 하거나 두 세장 짜리의 워크북을 홍보하는 경우도 종종 봅니다. 그림책이 주고 싶었던 메시지를 정확하게 받아들이지 못했더라도 혼자만의 스토리로 나름대로의 방법과 상상력으로 아이가 받아들이는 시간 또한 소중하다고 생각합니다. 그러다 보면 아이는 아는 것을 말하고 싶은 심리가 있기 때문에 뜬금없이 책 속의 이야기를 해주기도 합니다. 저는 그런 자연스러운 독후 활동을 좋아하기도 하지만 무엇보다 책을 읽고 난 후에 활동지를 진행하는 데는 상당한 시간이 소요되고 공부하는 것 같은 무게감을 느낍니다. 아이들은 숙제를 하는 시간이 길어진다는 것 자체를 좋아하지 않습니다. 지루해 지기도 하고 숙제가 많다고 느끼기도 합니다.

엄마 욕심으로는 이 책을 읽고 나면 등장인물은 누구누구이며 어떤 일이 일어났는지 논술 선생님처럼 아이와 토론을 하면 좋겠지만, 아이에게는 난이도 보다는 엄마 숙제는 굉장히 짧고 금방 끝나며 별거 없다는 느낌을 주어야 오래 끌고 갈 수 있습니다. 하기 싫은 날에도 금방 끝나니까 앉아보자고 했을 때 아이를 설득하고 받아들이게 하기가 훨씬 쉬웠습니다. 다만 한글책이건 영어책이건 읽고 난 다음에 베드 타임이나 무언가를 기다려야 하는 시간 등의 여유시간에 내가 원하는 이야기를 아이가 해주는 것을 들으면 생각보다 잘 알고 있어 깜짝깜짝 놀랄

**때가 있었습니다.**

오늘 한 권을 읽든 두 권을 읽든 가장 중요한 것은 매일 그리고 오래 해야 하므로 가볍고 즐겁다는 느낌을 주는 것이 필요합니다.

## 07

*

# 아이의 언어 능력을
# 믿어라

만 13세 이전에는 외국어를 모국어로 받아들일 수 있다고 합니다. 이 능력이 모든 인간에게 공평하게 주어진다고 하니 어린 시절에 나도 제2외국어, 제3외국어를 잘 할 수 있는 기회가 있었구나 하는 생각이 들었습니다.

**고백하건대,** 영어도 잘 못 하고 끈기도 없는 엄마가 집에서 아이 영어 읽기 독립을 했다고 하면, 그중 8할은 언어를 스펀지처럼 빨아들이는 아이의 언어 능력 덕분이라고 생각합니다. 엄마가 환경 조성자로서의 역할만 해준다면 조기 영어 교육의 참

맛을 집에서 맛볼 수 있습니다.

정말 책만 읽어서 아이가 영어를 잘 할 수 있는가? 아이가 읽고 듣기만 해도 정말 단어를 습득하고 문장을 말할 수 있느냐는 의구심은 저 역시도 들었습니다. 당연히 주변에서도 부정적인 말들을 많이 들었습니다. 오히려 과정에서 아이들이 저에게 그 답을 명확하게 주는 순간들이 있었습니다. 둘째와 베드 타임에 〈BIG BAD WOLVES at school by STEPHEN KRENSKY〉이라는 그림책을 읽었습니다. 그날 한 장은 엄마가, 한 장은 아이가 번갈아 가며 읽었습니다. 아이가 읽을 페이지에 disguise(변장하다)라는 단어가 나왔을 때 모르는 단어는 어떻게 대처해나가는지 궁금하여 조용히 기다리고 있었습니다.

"디스….ㄱ…ㄱ……가이즈? 아아!! 디스가이즈…"
"응? 이 단어 알아?"

둘째는 이 단어의 소리를 정확하게 기억했습니다. 어떻게 엄마도 모르는 이 단어를 아냐고 자랑스럽다며 뽀뽀를 하고 호들갑을 떠는 엄마에게 아이는 자랑스럽게 이야기를 들려줍니다. 넷플릭스 미니언즈에서 들었고 게임 유튜브 채널에서도 들었다고요. 그렇게 정확하게 소리를 아는 단어를 만났을 때 아이는 스펠링을 정확하게 몰랐지만 아는 만큼의 파닉스 소리와 결합시켜 '디스….가이즈'라며 문맥상 의미와 아는 음소를 대입하며 소리를 만들어 말을 했습니다. 또한 '변장하다'라고 정확한 뜻을 알지는 못하지만 시청했던 영화에서의 상황을 나름대로 열심히 설명했습니다. 그 상황에서 쓰는 말이라고요. 아이 혼자서 책과 미디어를 통해 단어를 뜻을 문장과 상황 속에서 익혀나가고 있는 것입니다. 저는 이 단어를 가르친 적이 없었습니다.

아이가 가진 능력은 하루 만에 뚝딱 만들어지는 것은 아니라고 생각합니다. 둘째는 누나 덕분에 다섯 살 때부터 소리로 듣고 익히는 작업을 혼자서 4년 반을 해왔습니다. 그동안 상황 속에서 유추하는 나름의 방법을 익히고 터득하지 않았나 라는 생각을 해봅니다. 그리고 이제 글을 읽는 나이가 되어 엄마와 책을 읽다 보니 소리로 아는 단어들을 눈으로 만나고 있는 것입니다. 이 과정은 아이가 스스로 해나가고 있는 과정입니다.

저는 책을 읽는 환경과 미디어를 보는 환경을 만들어준 것뿐입니다. 아이가 스스로 상황 속에서 새로운 단어의 소리를 익히고 뜻을 유추해가는 과정을 거치고 그 단어들을 책 속에서 철자로 눈으로 확인 하는 작업까지 만나야 합니다.

# 08

\*

# 아이의 수준과
# 상황을 고려해라

영어 스터디 카페를 통해 정보를 얻던 중 한 카페에서 신문을 읽고 암기하는 방법으로 스터디하는 것을 실천해 보기로 했습니다. 뿐만 아니라 우리가 할 수 있는 콘텐츠 중에서 팝송을 통한 스터디와 추천하는 교재 몇가지를 골라 공부해 본 적도 있습니다.

### 영자 신문 읽기

신문 읽기가 좋으니 반드시 해야 한다지만 아이에게 신문을 읽힌다는 것 자체가 부담이었습니다. 한글 신문 읽히는 것도 쉽지 않은데 영자 신문은 더욱더 어려워 보였습니다. 이 딱딱한 내용으로 어떻게 아이와 함께 재미있게 읽어나갈 수 있을지 막막했습니다. 한국어 신문 읽기는 한자어가 많은 우리나라의 언어 특성상 엄마가 설명해야 할 부분이 많았습니다. 오히려 영어는 뜻글자가 아니기에 다이렉트로 받아들이는 것에 거부감이 없었습니다.

많은 스터디 중에도 어린이 영자 신문 읽기 스터디를 많이 하고 있었습니다. 진행자의 에너지와 열정이 그대로 느껴지는, 교재로 출판을 해도 손색이 없을 정도의 자료를 매주 받아볼 수 있었습니다. 무엇보다 새롭고 어려운 Democracy(민주주의) 같은 단어들도 배우고 그 뜻을 영어 5~6줄 정도의 간단한 문장으로 만날 수 있는 좋은 기회가 되었습니다. 매주 신문의 주제에 따른 해설 영상을 기본으로 사회나 과학 실험, 수학적인 내용까지 아주 포괄적으로 담고 있었습니다. 몇 번은 사회나 과학 실험 등 다양한 활동에 참여도 했습니다.

저와 아이들은 신문을 읽고 암기하여 낭독하는 데에 더욱더 집중하고 이외의 방대한 내용은 과감하게 넘기기로 했습니다. 과학 실험을 한번씩 접해보면 좋겠지만 아이에게 재미있는 놀이 같은 실험으로 끝나 버리고 아이들도 실험의 목적이나 의미를 파악하기에는 어리고 저의 에너지 역시 부족했습니다. 이 외에 따로 매일 하는 분량이 있기에 엄마와 함께 책상에 앉아서 무언가를 하는 시간을 길지 않고 집중력 있게 보내기 위해서 저는 영어에 좀 더 집중하기로 했습니다.

### 팝송 스터디

다양한 음악을 들려주고 싶고 음악에 나오는 가사를 따라 배우게 하고 싶어 차에서 종종 팝송을 들려줍니다. 하지만 엄마의 취향에만 국한되기도 하고, 음에 맞추어 영어로 노래를 부르는 것은 생각보다 쉽지 않습니다. 그러다 팝송 스터디에 참여해 보았습니다. 다른 친구들의 숙제 인증 동영상들을 보는데 스터디를 참여하는 아이들은 매우 어린 친구들이 대부분이었습니다. 예쁜 드레스를 차려입고 귀엽게 춤을 추며 찍은 영상을 보며 첫째와 나이대가 맞지 않아서인지 아이가 본인의 영상을 업로드 하는 것을 부끄러워했습니다. 그래서 저희는 카페의 진도나 숙제를 제출하는 임무에서 벗어나 우리끼리 차에서 이동할 때 스터디에서 진행하는 팝송을 듣곤 했습니다.

첫째는 한창 음악에 관심을 가질 나이(당시 초등학교 3학년)여서인지 호기심이 있었습니다. 언젠가 스터디로 진행된 'GOOD DAY'라는 팝송의 온라인 숙제 인증이 늦어져 차에서 이동을 하며 계속 들려주고 같이 따라 불렀습니다. 이것이 자극제가 되었는지 그 후로 아이는 스스로 팝송을 찾아서 들으며 가사를 받아쓰고 암기를 했습니다. 제가 학창 시절 처음으로 가사를 외우며 따라 부르려고 종이에 가사를 쓰고 테이프가 늘어지도록 돌려가며 들었던 그때가 문득 떠오르며 내 아이는 팝송으로 그 시기를 시작하는구나 싶었습니다.

그 후부터 댄스곡, 올드 팝송 등 장르를 가리지 않고 종일 가사를 적고 음악만 듣는 날이 왔습니다. 유튜브에서 좋아하는 캐릭터 채널의 배경음악을 듣고 또 그 음악이 나오는 해외 유튜브 채널 속의 이야기에 빠져 있었습니다. 엄마와 따로 영어 듣기를 위한 어떠한 활동을 하지 않아도 1년이 지난 시점에는 아이가 읽어야 하는 영어책을 오디오가 아닌 스스로 읽고 본인이 좋아하는 음악 또는 애니메이션이라는 영어 콘텐츠를 찾아 즐기게 되었습니다.

아이가 스스로 영어를 즐기는 것을 보니 엄마와 어떠한 활동을 하지 않아도 불안하지 않았습니다. 하루라도 책 읽기를 하지 않으면 스스로 채찍질을 하며 매일 영어를 해야지 하는 생각을 했었는데, 그런 마음이 사라지는 순간이 온 것입니다. 그리고 레벨(AR)이 높은 영어책을 읽는 것이 영어 독립이 아니라 아이가 영어를 스스로 즐기는 것이 진짜 영어 독립인 것을 깨달았습니다.

### 영어 학습 교재 참고하기

〈애플리스 영어 교육 카페〉에서 진행하는 스터디는 짧은 기간 동안 진행되지만, 난이도가 있고 내용도 제법 많았습니다. 스터디를 하는 아이들의 실력 또한 평균 이상입니다. 성인도 힘든 영화나 에니매이션의 빠른 속도를 다 따라가는 편입니다. 책을 읽고 진행하는 워크북, 오디오북을 들으며 같은 속도로 소리 내어 읽는 낭독 수준도 매우 높았습니다. 일단 속도가 매우 빨랐습니다.

우선 우리가 할 수 있는 범위를 정하였습니다. 카페에서 선정하는 교재를 따라가 학습하되 우리만의 속도로 조금 느리게 진행했습니다. 어떤 책을 해야 할지 아이만의 취향으로 고르는 것도 위험해 카페에서 진행하는 선생님들의 좋은 안목을 팁으로 얻어서 서점에서 골랐습니다. 챕터북을 어느 정도 하고 난 후에 계속 흥미 위주의 챕터북을 고르는 것도 좋지만 '뉴베리상'을 받은 책 위주로 인물이나 역사 관련 책도 읽힐 수 있다는 팁을 얻었습니다.

단어 공부를 따로 해야 하는 지, 어떤 교재가 좋은지 고민을 하고 있을 무렵이었습니다. 꾸준히 영상을 보여주고 오디오북으로 집중 듣기를 하는 부분에서는 잘 따라와 주었지만 아이들이 궁금하지 않는 단어는 뜻을 몰라도 제가 먼저 나서서 이 단어는 어떤 뜻이라고 단어 정리를 해주지 않았습니다. 한 번쯤은 영어 단어를 영어로 풀이하는 단어 공부를 해야 한다는 생각을 가지고 있었습니다. 왜냐하면 아이가 아무리 어떤 상황에 단어를 사용할 줄 안다고 하더라도 그 단어가 한국어로는 명확하게 어떤 단어인지, 아이가 유추한 의미가 맞는지에 대한 작업이 필요하다고 생각했기 때문입니다.

챕터북을 시작할 무렵부터 본격적으로 단어 공부를 같이 진행하고자 했습니다. 챕터북을 읽는다는 의미는 한글책이나 영어책이나 어느 정도 아이가 책을 읽을 수 있는 연습이 충분히 되었기에 한국어의 의미나 상위개념의 단어들을 알려주어도 이해할 수 있는 시점이라고 생각해서였습니다. 영영 사전을 읽을까 하는 고민이 들었지만 작은 글씨만 빼곡한 사전 읽기를 좋아할 리가 없다는 생각이 들어 고민을 하던 중에 한 카페에서 〈English Word 4000〉이라는 어휘 교재로 스터디하는 것을 유심히 보고 있었던 터라 우리가 할만한 지 한 권을 사서 살펴보았습니다. 카페 회원 아이들은 단어를 노트에 써가며 인증한 것을 보았습니다. 한 권을 사서 살펴보고 해볼만 하다는 판단이 들었습니다.

카페 스터디처럼 타이트하게 하는 것보다는 조금은 느슨하다 느낄 정도로 일주일에 한 챕터만 하자는 목표를 세웠습니다. 아이가 일주일 동안 이 단어를 스펠링까지 완벽하게 한 번에 익히는 것은 무리라고 판단해 가벼운 마음으로 단어의 뜻을 그림을 통해 눈으로 익히고, 단어나 그 뜻과 예문을 한 번씩 따라서 말해보는 정도로 넘어가자는 가벼운 마음으로 진행하였습니다. 이후에 아는 단어는 따라 읽고 싶지 않다는 아이의 주장에 따라 모르는 단어 위주로 따라 읽어갔습니다. 단, 이 시리즈의 책 6권을 6학년 때까지 두어 번 정도 보면 조금이라도 기억에 남지 않겠냐는 계산이 들었습니다. 방학 때 피지에 가도 아이들의 습관성 영어책 읽기는 계속되었기에 일주일에 한 챕터씩 하는 단어

책도 꾸준히 했습니다. 그냥 읽어보고 넘어가는 거라 사실 얼마나 기억에 남을지 의구심이 들었는데 '엄마 선생님이 4000에 나온 단어를 많이 말씀하셔'라며 무심히 말하며 지나가는 것이 아니겠습니까. 방학 때 피지 학교에서 하교하며 하는 한마디 역시 우리가 나름대로 잘하고 있다는 증거를 아이가 보여주었습니다.

초등학생이 알기에 난이도가 있을 거라고 생각했던 단어들이, 실제로는 초등학교 저학년 현지인 선생님이 수업 중에 사용하는 단어들이었나 봅니다. 가볍게 한 번씩 단어의 뜻을 그림으로 보고 모르는 단어만 한 번씩 따라서 말해 보는 정도로 넘어갔지만 아이가 기억해 주었다는 사실에 무척 기뻤습니다. 아이 또한 집에서 엄마와 공부했던 책에서 나온 단어들을 수업시간에 선생님들 통해서 만났을 때 기쁨도 컸으리라 짐작합니다.

Class 02

# 밥하고 빨래하고,
# 홈스쿨링 하라!

3세부터 7세까지, 일정한 시간 꾸준히
반복하는 것이 중요하며, 엄마 또한 흔
들림없이 진행하는 마음이 중요하다.

# 01

*

# 흘려듣기
# 시간을 가져라

첫째가 초등학교에 진학한 후 유치원에 가야 할 둘째의 유치원 선택 기준은 집에서 제일 가까운 곳이었습니다. 영어 유치원도 몇 군데 상담을 받아 보았지만 여러 가지를 고려할 때 마음에 드는 곳이 없었습니다. 유치원이 가까우니 걸어갈 때 아이와 손을 잡고 영어 노래를 부르거나 숫자를 세며 걸어가곤 했습니다. 차로 이동할 때에는 짧은 시간이었지만 잊지 않고 아이가 좋아하고 즐겨 듣는 영어 노래를 먼저 틀어 주었습니다. 잠깐의 시간도 소중한 시간이었기에 그 작은 시간을 놓치지 않고 둘째만을 위한 습관을 이어가려는 작은 노력 중의 하나였습니다.

　유치원에 다니는 내내 별도로 신경을 써준 것은 없었지만 5세 중반이 지날 무렵부터는 집에 와서도 매일 영어 노래를 불렀습니다. 유치원에서 배운 영어 노래였습니다. 단지, 가깝다는 이유로 보낸 유치원이었지만 아이들이 자유 놀이를 하는 시간에는 배경 소리로 영어 노래를 틀어준다고 하였습니다. 아이가 가장 좋아하는 것은 유튜브에서 쉽게 찾을 수 있는 〈Super Simple Song〉 이었습니다. 놀이를 하면서 노래를 즐겁게 들었던 모양입니다. 집에서도 혼자 장난감을 가지고 놀 때면 다른 콘텐츠를 찾기 보다는 기존에 들어서 익숙한 노래들을 들려주곤 했습니다.

　유치원에서 파닉스를 조금씩 배우기 시작할 때는, 유치원에서도 시청하는 〈알파 블록스〉처럼 기본적인 사이트 워드를 재미있게 즐길 수 있는 콘텐츠를 보여주었습니다. 또한 따로 구독하고 있던 애플리스사의 ebook인 〈아이들이북〉에 있는 동영상들을 시청할 수 있도록 하였습니다. 유튜브에서도 쉽게 찾을 수 있고 아이들에게 익숙한 캐릭터를 기반으로 한 영상들이 단계별로 정리가 잘 되어 있어 둘째가 시청하기 쉬운 것부터 단계적으로 볼 수 있었습니다. 제가 굳이 영상이나 교재의 수준을 신경 쓰지 않아도 스텝별로 잘 나누어져 있어서 TV를 보지 않는 저희에게 안성맞춤이었습니다. 또한 〈아이들이북〉은 진도표를 프린트 할 수 있어서 진도표에 스티커를 붙여가는 재미도 쏠쏠

했습니다. 이것으로 칭찬 스티커처럼 한 단계를 끝내면 서프라이즈를 주는 작은 재미가 있었습니다.

한창 영어를 집중적으로 시작할 8살인 첫째 위주로 생활하다 보니, 둘째 아이에게는 무언가를 하기보다 집에서 소소한 시간에 익숙한 콘텐츠를 활용하였습니다. 하지만 제가 아이와 함께 호응을 해주거나 장단에 맞추어 신나게 율동을 하는 등 흥을 돋우는 에너지는 생기지 않았습니다. 항상 첫째의 진도나 콘텐츠에 신경을 써서였는지 좀처럼 마음의 여유가 생기지 않았습니다. 가끔 책을 보면서 아이보다 더 크게 흥을 내고 율동에 맞추어 큰소리로 영어 노래를 불렀습니다.

살림을 하며 엄마표 영어를 하다 보니 피곤한 날에는 그러질 못하고 죄책감도 생겼습니다. 그렇지만 일관성 있는 것이 내 마음에서 우러나오는 것이며, 아이나 나나 서로 편안하게 하는 것이 오래가는 것이라 생각했기에 그 무엇도 일부러 애쓰지는 않았습니다. 어느 책에서처럼 놀이터나 카페에서도 주변을 개의치 않고 아이에게 영어로 말을 걸어가며 가르치는 용기는 더욱더 없는 소심하고 부끄러운 엄마였기에 그런 것 또한 애쓰지 않았습니다.

다행히 둘째는 엄마가 적극적으로 호응해 주지 않아도 혼자서 잘 즐겨주었습니다. 오히려 아이가 선생님 흉내를 내며 영어 노래를 부르고 율동까지 저에게 가르쳐 주기도 했습니다. 가끔은 설거지를 하며 뒤돌아보면서 어깨춤을 춰주고 입으로 따라 불러 주며 그 정도만으로도 아이와 충분히 즐겼습니다. 다만 일상에 영어가 좀 더 깊이 스며들 수 있도록 기존에 한국어 TV를 보던 시간에 넷플릭스(영어)를 시청하고, 누나가 오디오북으로 책을 읽을 때에는 그것 또한 배경 소리로 듣게 하는 등의 노력은 계속 이어갔습니다.

아이가 유치원에 가거나 자는 시간에 아이를 위하여 따로 공부하고 아이를 위한 콘텐츠를 찾고 너무 애를 쓰면 억지로 해나가는 것에 부담을 느껴 제가 더 빨리 지칠 것을 우려했습니다. 그래서 최대한 우리 페이스에 굉장히 전문가처럼 잘하는 사람과 학원을 보내는 중간 평균 정도로 맞추어 잘 유지하도록 했습니다. 일상에서 반복되는 작은 시간과, 주어진 환경 속에서 최대한 영어와 함께 할 수 있도록 해주었습니다.

우리 아이들은 객관적으로 보아도 언어에 뛰어난 아이들이 아닌 평범한 아이이거나 오히려 한글은 좀 늦은 편이라 할 수도 있습니다. 둘째는 5세부터 유치원에서 매일 20분 정도씩 영어에 노출 했고, 누나의 방학 때마다 해외 유치원을 다녔습니다. 해외 유치원에서 지낸 시간 동안 아이는 말을 알아듣지도, 하지도 못한 채로 영어를 쓰는 친구들만 있는 유치원에 가기 싫다고 아침마다 눈물 콧물을 쏟으며 등교하였습니다. 또 해외에서건 한국 집에서건 늘 누나가 하는 오디오북의 소리를 들으며 유치원 시기를 보냈습니다. 7세가 끝날 무렵 겨우 한글을 떼었는데 그때도 오디오북을 통해서 영어책 읽기를 시작했습니다. 8세 5월 이후부터 책 읽기를 시작한 첫째에 비해서 둘째는 빨리 시작한 편이었습니다. 둘째의 한글을 익히는 과정을 살펴보니 남자 아이여서인지 시각적으로 글을 받아들이고 익히는 게 첫째보다는 느렸습니다. 그래서 좀 더 영어 공부는 길게 가야 할 것 같다는 생각에 첫째보다 일찍 시작했습니다. 또한 그 시기에 아이가 한글보다 알파벳을 먼저 익혔고, 알파벳에 호기심이 많아졌습니다.

첫째는 한글을 통글자로 엄마가 반복적으로 읽어준 그림책을 암기하여 소리를 글자에 대입하여 익힌 반면 둘째는 통 글자가 아니라 자음과 모음 다 떼고 합체하고 해체하면서 익히는 스타일이라는 것을 뒤늦게 알았습니다. 그런데 저는 첫째의 경험치로만 생각하여 요즘 아이들은 통글자로 익히나보다 하고 둘째에게 한 번도 한글을 자음 모음 떼어서 알려주지 않았습니다. 그런데 영어는 알파벳 글자들이 해체되고 다시 합쳐져 서로 다른 글자와 소리를 만들어내니 그것이 더 이해하기 빨랐나 봅니다. 이렇게 같은 뱃속에서 태어나 같은 환경에서 자라도 아이들도 언어를 익히는 과정과 시기가 다 달랐습니다.

한 아이가 한글을 익히는 과정을 가만히 기억해보니 영어를 익혀가는 과정과 닮아 있었습니다. 이것을 눈여겨보고 내 아이에 맞는 방법과 영어를 본격적으로 시작할 시기를 정하는 것도 오직 엄마만이 할 수 있는 아주 귀한 일이라는 생각이 든 순간이었습니다.

영어 노출 시기가 다른 두 아이를 키워보니 유치원 시기인 5~7세에는 영어 듣기를 할 수 있는 환경을 만들어주는 것이 아주 중요하지만 이 시기에 읽고 쓰는 학습으로서의 접근보다는 즐겁게 노래를 듣고 알파벳을 보는 정도의 노출만으로도 충분하다는 생각이 들었습니다. 의도하지는 않았지만 첫째 때문에 둘째가 딱 그 정도의 환경에서 시작하였는데, 그동안 전혀 영어 한마디를 내뱉지 않고 싫다고만 하던 아이가 어느 날 갑자기 본인이 좋아하는 게임이라는 영역에서 영어로 아웃풋을 쏟아내어 주는 것을 겪어보니 더욱더 5~7세 동안에는 한없이 그리고 즐겁게 듣게만 해주어도 아이들은 조금씩 흡수하고 있는 거구나 느껴졌습니다.

그 시간 동안 아이가 전혀 아웃풋을 보여주지 않아 답답하고 우리 애는 이 방법이 잘 안 맞는가 라는 의문도 들고 무언가 더 해줘야 할 것 같지만 자칫 그것이 엄마만의 욕심이 될 수 있음을 항상 경계하고 그 안에서 깨어있어야 흔들리지 않는 엄마가 되어 뚝심 있게 기다려 줄 수 있는 것 같습니다. 그래서 내 욕심보다는 아이가 즐기고 있는지 혹은 즐기지는 않더라도 그냥 그렇게 잘 따라오고 있는지 먼저 눈치껏 살피는 것에 좀 더 중점을 두었습니다. 다른 과목은 잘 몰라도 영어는 조기교육이라고 저 역시 생각하지만, 그 조기교육이라는 것 또한 아이가 충분히 받아들일 준비가 되어있을 때, 즉 학습자의 시작인 8세부터 해도 늦지 않다는 것을 두 아이를 키우면서 느꼈습니다.

8세부터는 즐거움보다 조금씩 진지하고 집중도 있게 4년 정도면 충분하다는 생각이 됩니다. 그리고 그 4년 동안 아이가 양적으로 많은 단어와 문장을 만나고 질적으로 좋은 책을 읽고 글자를 익히는 연습을 충분히 하면, 그 후 아이는 스스로 책 혹은 미디어로 영어를 즐길 수도 있습니다. 스스로 영어를 즐길 수 있도록 아이가 좋아하는 것을 영어 콘텐츠로 다양한 경험을 만들어 준다면 금상첨화, 아이는 서서히 스스로 영어 독립을 준비하는 시기가 시작될 것입니다.

# 02
*
# 하루 3시간,
# 영어 BGM 채우기

　영어책만 읽어서 회화가 가능할까? 오랫동안 원서 읽기를 한 어느 유튜버 역시 원서를 많이 읽었지만 생활 회화는 많이 달랐다고 말을 합니다. 우리 아이들이 회화를 하는데 큰 도움을 받은 것이 미디어 즉 넷플릭스나 유튜브인 것은 부정할 수 없는 사실입니다. 미디어에 나오는 직접적인 구어체 표현이나 슬랭 마저도 아이들은 생동감 있게 보여주는 상황에 이런 말을 쓴다는 것을 알아차렸습니다. 아이가 태어나 말을 하지 못할 때 '밥'이라고 알려주다 '밥 줄까?'라고 단어에서 문장으로 확장하여 말을 건네면 아이는 배고픈 상황에 그 말을 듣고 사용할 줄 알게 됩니다. 아이들이 그렇게 알아차릴 수 있는 능력은 생존과 연결되어 있기에 가능한 일이라고 합니다.

저 역시 아이들이 책만으로 영어 공부를 얼마만큼 할 수 있을지, 결과를 두 눈으로 보기 전까지는 의문으로 가득했습니다. 말문을 열려면 회화책 암기를 시켜야 할지 아니면 엄마표 원서 읽기를 하면서 영어로 대화를 나눌 수 있는 매체를 또 해야 할지 고민을 했습니다. 엄마표 영어를 성공한 남의 집 아이는 원래 뛰어난 것 같기도 하고, 엄마 말을 거부감 없이 잘 따라주니 가능한 것 같다는 생각도 들었습니다. 이런 고민을 한 후 회화책 한 권을 사서 침대 위에서 암기해 보자는 계획을 짜고 누워서 읽기도 했습니다.

엄마가 하는 모든 것에 관심 있는 둘째 아이만 조금 호응이 있을 뿐, 첫째 아이는 스토리 없이 단순한 대화를 약간의 리듬감을 넣어 읽는 엄마를 보며 재미 없다는 표정이었습니다. 엄마표 영어를 하는 이 과정은 엄마와 아이의 상호작용이 무척 중요하다는 것도 그때 깨달았습니다. 제가 아니라 아이가 재미없어하니 더 할 맛이 안 났습니다. 그나마 전권을 사지 않아 천만다행이라는 안도감과 함께 회화책 암기라는 프로젝트는 며칠 만에 없던 일이 되었습니다.

이러한 시도들 후에 아이들이 진짜 좋아하는 것, 재미있게 할 수 있는 것에 더욱더 초점을 맞추게 되었습니다. 아이들은 재미있는 스토리가 있는 것을 유독 좋아했습니다. 그렇기에 굳이 회화라는 영역을 한정해 회화교재로 딱딱하게 접근하기보다는 미디어 즉 넷플릭스의 스토리 안에서 충분한 시간을 보고, 듣고, 즐기고, 실제 외국인 친구를 만났을 때나 혼자 있을 때 보고 들은 문장들을 말로 했습니다. 실제보다 더 실제 같은 회화체였습니다.

첫째의 경우, 피지에서 원어민 친구한테 새로운 말들을 건네길래 어디서 배웠냐고 물어보면 넷플릭스에서 하는 말을 따라 해봤다고 해서 깜짝 놀랐고, 원어민 친구와 함께 이야기를 하며 웃는 것을 본 적도 있었습니다.

생활 속 짧은 시간 동안에도 넷플릭스를 끼고 살던 첫째는 업데이트되는 동안 이전 것을 다 봐서 더 볼 게 없다고도 말을 했습니다. 그러다 보니 이미 본 것, 좋아하는 장면을 반복해서 보게 되고 그 속의 표현을 더 곱씹고 억양까지 똑같이 따라 하게 되었나 봅니다.

코로나로 인해 아이들이 집에 있는 동안에도 꼼짝없이 숙제를 하거나 그림을 그리거나 책을 읽거나 장난감을 가지고 놀거나 하는 짧은 시간을 제외하고는 영어 공부에 대한 스트레스를 받지 않고 미디어를 통해서 영어를 즐겼다고 해도 과언이 아닙니다. 또한, 제가 몸이 안 좋아 아이들의 숙제를 봐주지 못할 때에는 유튜브에서 그림 따라 그리기를 영어로 'draw for kids' 혹은 'art for kids'로 검색하다 찾은 채널인 〈Art for Kids Hub〉를 보며 아이들은 몇 시간씩 그림을 그리기도 하였습니다. 사실 엄마표 영어가 아이의 성향까지 파악하고 수준에 맞게 옆에서 도움을 줄 수는 있지만, 엄마가 컨디션이 안 좋거나 몸이 안 좋은 날이 있습니다. 그런 날 영어 관련 방송은 아이들이 책을 펴고 오디오를 들을 수 있기 때문에 빛을 발하게 됩니다.

　부끄럽지만 저는 TV 없이는 육아가 어려운 엄마입니다. TV에 집중하지 않더라도 TV를 켜놓고 장난감을 가지고 놀거나 그림을 그리기도 합니다. 아이들이 TV에 집중하는 동안 엄마들은 잠깐 짬을 내어 휴식을 취할 수도, 밀린 집안일이나 못다 한 일들을 할 수 있는 시간이 생깁니다. 원어민 아이들 역시 TV 보는 시간은 우리 아이들과 동일할 거라 생각이 됩니다. 그래서 한국어 TV를 보지 않는다는 집안의 규칙을 정하고 난 뒤부터 아이들이 한국어 방송을 보는 만큼 그 시간 동안은 영어로 TV(넷플릭스+유튜브)를 시청함으로써 기본적으로 하루에 2~3시간은 의도적으로 영어에 노출이 되도록 했습니다.

　사실 아이들이 TV를 시청하는 시간이 상당하기 때문에 한국어 방송을 본다면 TV 좀 그만 보라고 잔소리 아닌 잔소리를 하게 될 법한데 영어 방송을 본다는 목적성 있는 엄마의 큰 그림 아래에 있기 때문인지 그런 말은 하지 않았습니다. 한국어 방송을 보던 시간만큼 아이들이 영어 콘텐츠 안에서 자유롭게 즐길 수 있고, 영어책을 통해 하루에 10~20분 이내의 짧은 시간만의 노출로 충분할까 라는 생각에 또 다른 회화를 따로 공부해야 하지 않느냐는 고민에 대한 해소가 되었습니다. 하지만 아이들이 눈치채지 않게 엄마는 아주 치밀하게 시간, 프로그램, 재미 모든 것을 고려해서 아이들이 수준에 맞는 프로그램을 선택하도록 가이드 역할은 필요합니다. 무턱대고 너무 어려운 프로그램만을 고른다면 아이가 전혀 알아듣지 못하여 흥미가 떨어질 수도 있기 때문입니다.

아이 수준에 맞는 것부터 아이가 볼 프로그램 선택에 도움을 주었습니다. 유튜브의 경우에는 아이들이 시청해도 되는 것만 구독리스트에 넣어두고 그 안에서만 원하는 것을 볼 수 있도록 큰 한계 안에서의 자유를 주고자 했습니다. 아이들이 커갈수록 제한된 큰 테두리 안에서의 자유로움을 즐기는 연습은 꼭 필요한 것 같습니다. 특히 미디어나 게임에 대해서는 더욱더 시간, 유익한 콘텐츠만 볼 수 있는 규칙이 필수라는 생각이 듭니다. 이를 바탕으로 초기에는 무작정 시간의 양을 최대한 끌어가며 아이들이 영어 방송을 보는 데 익숙해지기 위한 시간을 충분히 가졌습니다. 하루에 3시간 이상 영어 소리를 배경으로든 집중적으로든 듣는 습관을 만들기 위해서 이기도 합니다. 이러한 루틴에 스며들어 귀를 촉촉이 적시는 동안 저는 그만큼의 시간 동안 다음 단계를 고민할 수 있는 시간이 되었습니다.

아이들을 따라다니며 집안일을 하고 각자 시간표가 다른 세 살 터울의 아이들을 픽드랍 하다 보면 도무지 하루가 어떻게 지나가는지도 모르는데, 하루에 얼마나 영어에 노출되는지 시간을 어떻게 체크해야 할지 고민이 되었습니다.

그래서 제가 시계를 보고 있지 않아도 상영 시간을 정확하게 알 수 있는 디즈니 영화로 2시간가량을 채우고 나머지 시간은 자유시간에 유튜브에서 'Read Aloud' 혹은 '책 제목+Read Aloud'를 검색해 그림책 읽어주는 미디어를 듣게 했습니다. 10분짜리 대여섯 개를 보면 되겠네 하고 첫째에게 알려주었습니다. 또 그러다 보면 아이들은 재미있어 보이는 책을 더 보고 싶다고 하는 경우가 많았습니다. 둘째는 처음에는 영어로 하는 방송은 보고 싶지 않다며 돌아다닐 때가 있었는데 그러면 그대로 두었습니다. 집안에 소리가 울려 퍼지기도 하고 누나가 무언가를 재미있게 보고 있으니 이내 돌아와 자리에 앉아 집중을 또 하였습니다. 아이들이 유튜브를 즐기는 동안 저는 빠르게 설거지며 간단한 집안 정리를 할 수 있는 시간이 생겼습니다.

처음에는 유튜브의 'Read Aloud'로 시작했지만, 넷플릭스를 구독하고부터는 넷플릭스 키즈에서 아이들이 선택하여 원하는 것을 보았습니다. 넷플릭스 키즈에 재미를 붙이기 시작하면서는 따로 아이들이 영어 프로그램을 보는 시간을 계산하지 않아도 우리의 일상 속에서 한국어 방송 보듯이 아이들은 넷플릭스 키즈나 유튜브(제한된 시간, 콘텐츠)를 시청합니다. 우리도 사실 TV를 매일 보듯이 아이들에게도 영어 콘텐츠를 매일 재미있게 즐길 수 있기 때문에 영어로 롱런을 하고 하루의 일정 시간 이상 영어로 채워줄 수 있다고 생각합니다. 아이가 한국어 방송을 보는 그것만 영어로 바꾸어 줘도 말입니다.

## 03
\*
# 한국어 방송 끊고
# 영어 영상을 보게 하라

피지에서 한 달간의 스쿨링을 하고 돌아온 후, 우리 집 두 아이의 스피킹 기준은 명확하게 생겼습니다. 학교 영어 시험 점수를 잘 맞거나 수능 영어 독해를 잘하거나, 미국 유명한 대학교를 가기 위해서 등의 거창한 목표가 아니었습니다. 우리 아이들 또래의 아이들, 즉 원어민 아이들이 기준이 되었습니다. 우리 아이가 여섯 살이면 원어민 여섯 살 아이만큼 영어를 하고, 여덟 살이면 여덟 살 정도의 영어를 했으면 좋겠다는 바램이었습니다.

〈크라센의 읽기 혁명〉이라는 책에서는 흥미롭게도 TV 시청이 늘면서 제2언어로 영어를 습득하는 아이들이 늘었다는 이야기가 나옵니다. 독서와 미디어, 성격이 전혀 다른 두 가지 방법으로 아이의 언어를 공부한다는 것이 어떻게 보면 참 모순으로 보일 수 있습니다. 두 가지 방법이 전혀 다르기 때문입니다. 독서는 아이가 심심해야 잘합니다. 그러나 미디어는 보고만 있어도 시간 가는 줄을 모릅니다. 정반대의 두 가지 방법을 어깨에 짊어진 엄마는 비중 조절과 시간 관리가 가장 중요하다고 생각합니다. 미디어는 상황에 따른 말을 배울 수 있습니다.

원어민 아이들은 잠을 자는 시간을 빼고 모국어인 영어를 엄마 아빠 친구들로부터 듣고 말하고 익힙니다. 인적인 경로를 제외하면 외적인 부분은 TV를 시청하는 시간이 가장 길지 않겠냐는 생각이 들었습니다. 저녁을 준비하는 시간, 간식을 먹는 시간, 등 자투리 시간만 해도 꽤 됩니다. 또 우리 아이들도 TV 방송을 통해서 가나다, ㄱㄴㄷ노래도 듣고 글자도 익힙니다. 그래! TV를 보는 시간이 하루에 얼마지! 꽤 많은 시간을 TV를 시청합니다. 한국어 방송 보는 시간만이라도 영어 방송을 본다면 하루에 꽤 많은 시간을 자연스럽게 영어 듣기를 할 수 있겠다 싶었습니다. 과감하게 우리 집에서는 영어로 된 방송만 보는 것으로 규칙을 정했습니다.

"앞으로 우리 집에서 한국어 방송은 안 돼"

큰 저항 없이 잘 따라와 준 첫째와 달리 생각지도 못한 의외의 곳에서 반발은 터졌습니다. 다름 아닌 남편. 힘든 하루를 보낸 후 저녁에 TV를 보는 것이 유일한 휴식인데 집에서 TV를 보지 말라고 하니 반발이 이만저만이 아니었습니다. 몇 번의 다툼 끝에 핸드폰으로 뉴스를 볼 수 있는 시대이니 양보하라고 설득하고 마무리 되는 줄 알았는데, 다음 반발은 어린 아들이었습니다. 한참 헬로 카봇과 같은 애니메이션에 빠져 있었기에 '우리 집에서는 왜 이제 카봇을 못 보는 거야?'라며 밤마다 눈물을 보이기도 했습니다. 가장 소중한 친구였던 카봇을 그리워 하는 아들의 눈물에 마음이 약해지기도 했습니다. 하지만 다 너를 위해서야 라며 마음을 다독거리며 유튜브에서 'carbot for kids' 'robot for kids' 등으로 검색하여 영어로 된 방송을 대체하여 보도록 유도했습니다. 아이에게 중요한 것은 로봇이 나오는 콘텐츠지 언어가 아니었던 것입니다. 오히려 해외 유튜버들은 더욱더 다양한 종류의 카봇이 있었고, 박스로 직접 만든 카봇을 아이가 입고 노는 영상 등 더욱더 기발한 것들이 많아 아이의 흥미를 돌리기에 충분했습니다.

한참 유튜브에서 〈Read Aloud〉 책을 읽어주는 채널을 열심히 보다 보니 TV를 안 보는 아이들이 유튜브에 나오는 광고를 따라 하기 시작했습니다. 아차 싶어 얼른 유료이지만 광고 없는 프리미엄으로 전환을 하고 대안책을 찾다가 넷플릭스를 구독하게 되었습니다. 넷플릭스는 저렴한 비용으로 어린이용을 별도로 설정하여 12세 이상의 콘텐츠 안에서 마음껏 검색하여 시청할 수 있습니다. 또한 연령 제한도 설명해 주었습니다. 10~15분 내외의 시리즈물이 많아 호흡이 긴 영화를 볼 때와 잠깐씩 짬이 나는 시간을 나누어 활용하기에 좋았습니다. 디즈니 영화, 혹은 책을 드라마화한 시리즈물도 많아 유튜브에 비해 비교적 안전하다고 생각했습니다. 다행히도 아이들은 넷플릭스를 참 좋아했습니다.

첫째는 머리를 말리는 시간, 밥 먹고 소화하는 시간, 차로 이동하는 시간에도 넷플릭스를 끼고 살았습니다. 넷플릭스가 업데이트되는 동안 다 봐서 볼 게 없을 때는 봤던 장면이나 좋아하는 장면을 계속 되돌려 보았습니다. 그러더니 어느 날인가 대사를 다 외우고 중얼중얼 거리며 거실을 돌아다녔습니다. 제가 〈애플리스 영어교육카페〉에서 아이들을 위한 영화 대사 섀도잉을 하는 스터디를 하고 싶었는데 첫째는 단순 암기를 너무나 싫어하고 아이들 수준이 높아 보여 선뜻 참여하지 못한 아쉬움이 남아있었습니다. 그런데 아이가 자연스럽게 스스로 섀도잉을 즐겨주던 그 순간 놀란 마음은 잊을 수가 없습니다. 이런 날이 오기도 하는구나 라는 생각이 들어 마음이 뭉클하고 억지로 앉혀놓고 반복해서 한 영상을 보여주며 외우자고 했으면 어쩔 뻔 했을까 하는 아찔한 생각마저 들었습니다. 그냥 시리즈물뿐만 아니라 책에서 보아 이미 내용을 알고 있던 찰리와 초콜렛 공장, 퍼시 잭슨 등도 넷플릭스에서 영화로 볼 수 있기에 아이들이 정말 좋아해서 몇 번이고 반복해서 보았습니다.

한국 방송을 보고 싶다는 둘째의 불만 어린 투정은 애써 모른 척을 했습니다. 이 부분에 대한 확실한 룰이 있으니 아이가 크게 반감을 가진다거나 볼 때까지 울거나 하는 일은 다행히 없었습니다. 또한 누나가 넷플릭스를 너무 재미있게 보니 어느새 누나 옆에 자리를 잡고 즐기게 되었습니다. 아이들이 꼭 보고 싶은 한국어 방송은 집이 아닌 할머니 댁에 갈 때 등으로 한정하여 공간으로 분리했습니다. 집에서 TV를 보는 시간이 가장 길기에 집안에서는 절대로 한국어 방송을 볼 수 없는 규칙을 지켜냈습니다.

첫째는 커가면서 친구들이 어떤 캐릭터나 어떤 프로그램을 이야기하기도 했습니다.

"엄마 나도 한국 방송 보고 싶어."
"어떤 거 보고 싶어?"
"음…그런데 내가 좋아하는 건 다 영어 방송에 있긴 해"

하지만 늘 별 충돌 없이 이야기가 마무리되곤 했습니다. 미디어가 중요한 이유는 그 장면을 직접 보여주며 그 상황에서 하는 말을 단어 하나하나 정확한 뜻은 몰라도 그 상황에 하는 말은 안다는 것입니다. 성인 영어 공부를 할때도 영화 대사를 섀도잉만 해서 영어를 정복했다는 후기가 담긴 책들을 쉽게 찾아볼 수 있습니다.

# 04
*
# 책을 읽는
# 습관이 중요하다

'영어 학원은 여기! 수학 학원은 여기!' '척하면 척' 동네에 한 명씩 있는 사교육의 여왕인 언니가 제 주변에도 있었습니다. 그분이 고른 좋은 학원들을 다 따라 하기에는 부담스럽지만 학원 이야기 말고도 초보 엄마의 귀가 팔랑 팔랑 거릴 만한 교육 정보도 많이 들려주었습니다.

"아이가 어렸을 때 책 읽기가 얼마나 중요한지 알아?"

그분이 해준 그 말은 내 귓가에 콕 박혔습니다. 책은 항상 아이들 곁에 자연스럽게 두어 책을 가지고 놀 수 있도록 두고 엄마가 목이 터져라 책을 읽어줘야 한다는 충고도 잊지 않았습니다. 그 이야기를 듣고 집에 오자마자 책꽂이에 깔끔하게 정리되어 있던 책들을 거실 여기저기에 뿌리듯 두고 아이들이 책을 가지고 노는지, 펼쳐라도 보는지 관찰했습니다. 하지만 우리 집에서는 그저 장식이며, 아이들이 책을 가지고 쌓기 놀이라도 할 거라는 상상은 엄마의 기대치일 뿐이었습니다. 그 자리에 그대로 책 먼지가 쌓이기 시작했습니다.

자연스럽게 책을 좋아하는 아이들도 있지만 좋아하게 만드는 노력이 필요하다는 것을 나중에서야 알았습니다. 처음부터 스스로 책을 읽는 모습을 기대하기보다는 엄마가 읽어 주며 아이가 스토리를 좋아하게 만드는 노력이 필요하다는 것을 알았습니다. 아 책 속에는 참 재미있는 무엇이 있구나. 그다음 이야기가 궁금해지고 책에 대한 좋은 기억을 주는 것이 엄마의 몫이라는 것을 알게 되었습니다.

둘째가 태어나고 남편은 더욱더 바빠져서 언제나 독박육아 신세였습니다. 세 살 터울의 남매는 먹는 시간도 자는 시간도 노는 방법도 달랐습니다. 너무 피곤한 어느 날은 그냥 등을 펴고 눕고 싶었습니다. 아무것도 하지 않고 눕고 싶었습니다. 그러나 첫째는 엄마 일어나 놀아줘 라고 보채고, 젖먹이 둘째 아이는 배고파했습니다. '에라 모르겠다 다 같이 눕자'하고 벽 쪽으로 둘째 아이를 밀어 넣고 젖을 먹이니 큰아이가 심심하다고 난리였습니다. 한숨을 내쉬며 손을 뻗었는데 머리맡에 두었던 책이 만져졌습니다. '윤아야 엄마가 책 읽어 줄게 누울래?' 했더니 순순히 누워 책에 집중을 하는 게 아니겠어요. 엄마는 허리를 펴고 몸을 쉴 수 있고, 첫째는 책에 집중하고 있고, 둘째는 배부르게 젖을 먹은 후 옹알이를 하며 혼자 뒹굴거리다 잠이 들곤 하였습니다. 모두가 만족하는 시간이 되었습니다. 자연스럽게 매일 책 읽기의 시작이 되었습니다. 그리고 그렇게 하루하루 책 읽기 습관을 만들어 갔습니다.

매일, 저녁을 먹고 난 후면 설거지도 제쳐두고 다 같이 침대에 누워 아이들이 고른 책을 읽어 주었습니다. 아이들은 오늘은 어떤 책을 고를까 하며 스스로 책을 고르는 재미도 쏠쏠해 보였습니다. 내 책 먼저! 내 책 먼저! 자기가 고른 책을 먼저 읽고 싶어 의견 충돌이 있고, 너무 산만하여 오늘은 책을 못 읽겠다고 불을 끈다고 으름장을 놓으면 제발 읽어달라고 울며불며 부탁을 하기도 하였습니다. 처음에는 첫째에게 한글 공부가 되겠구나 싶었습니다. 그래서 한글 그림책만 읽어 주다 어느 정도 매일 읽기가 습관이 된 이 후 부터는 한글책 한 권을 고르면 영어 그림책도 한 권을 가져와야 하다는 규칙을 추가했습니다. 처음에는 한글책만 고집하던 아이들이 그림책의 재미에 빠지다 보니 한글책이던 영어책이던 신경 쓰지 않고 골라왔습니다. 침대 위에 누워서 책을 보는 시간이 길어지고 그것이 하루하루가 반복되다 보니 잠자기 전 1~2시간 동안의 책 읽는 시간을 규칙적으로 확보하게 되었습니다. 또한 이 시간을 통해서 아이들은 책을 좋아하게 되었고 소리를 듣는 힘, 귀로 집중하는 힘이 생겼습니다.

둘째는 아직 어려 금세 집중력이 떨어져 이불과 베개를 장난감 삼아 혼자서 노느라 듣는 둥 마는 둥 하는 줄 알았습니다. 그렇더라도 책을 읽는 데 방해가 되지 않도록 혼자 놀게 내버려두었습니다. 하나라도 듣고 있으면 그걸로 만족해야지 나이가 다르고 집중력이 다른 두 아이 모두 책에만 집중하라고 질서 정리를 하다 보면 둘째를 다그치게 되니 둘째는 그냥 놀게 두었습니다.

장난을 치며 전혀 듣고 있지 않는 것 같은 날도 있고, 어느 날은 누워서 책을 번쩍 들고 있는 엄마 몸 위에 올라와 누워 책을 보며 집중하는 날도 있었습니다. 그런데 놀라운 것은 아이는 그렇게라도 다 듣고 있었다는 것입니다. 전혀 듣고 있지 않는 것 같던 둘째도 책 속 이야기들을 기억하며 '이거 그때 엄마가 읽어줬잖아'라는 말을 하곤 했습니다. 또 '이 책이 재미있었어. 또 읽어줘'라고 하는데 깜짝 놀랐습니다.

누나에게 맞는 수준 혹은 글 양의 책을 듣기에 둘째는 이해하기 어렵고 흥미도 없으리라 생각했습니다. 물론 그런 책들도 있었겠지만 둘째는 잠자리에서 책을 읽어주는 것을 너무 좋아하고 책을 좋아하며 스토리를 좋아하게 되었습니다.

　이제 와 돌아보니 문해력에 관한 책들이 쏟아져 나오는 요즘 문해력의 기초를 만들어 줄 수 있는 토대가 되는 것이 바로 엄마가 읽어주는 책들 통해서인지 깊이 생각하게 됩니다. 첫째는 속독을 하는 편이지만 정확하게 알고 책을 읽어가고 둘째 역시 소리로만 듣는 것에 비해 내용에 대한 이해가 깊은 편입니다. 만약 내가 책을 읽어주지 않았다면 아이들이 책을 읽었을까 라는 생각이 들 정도로 아찔하기도 합니다. 또한 처음으로 엄마 목소리를 통해서 영어 그림책을 들어서인지 영어 그리고 영어 책에 대한 거부감도 크게 없었고, 당연히 영어책도 읽어야 한다는 생각도 자리 잡아 갔습니다.

　엄마표 영어의 핵심은 모국어 책 읽기를 기반으로 한 영어 책 읽기 습관을 들이는 것이 가장 기본이자 중요한 부분입니다. 우리의 최종적인 목표 또한 아이가 영어책을 읽음으로써 영어 읽기 독립을 하도록 이끌어 주는 것입니다. 의도하지는 않았지만 베드 타임 스토리를 통해 우리만의 책 읽는 습관을 확실하게 잡았습니다.

*

# 멈추지 말고
# 계속하는 게 중요하다

"네가 좋아하거나 관심 있는 분야는 뭐야? 그걸 영어로 배우는 건 어때?"

피지에서 만난 현지인 친구의 도움을 받아 저는 아이들이 학교에 가 있는 동안 온라인 〈TESOL〉 공부를 했습니다. 영어 공부를 하고 싶다는 저에게 영어를 왜 영어라는 과목으로 배우려고 하는지 의아해했습니다. 여기서 영어 공부할 수 있는 곳은 어디어디가 있다는 대답이 나올 거라 생각했는데, 뜻밖의 대답에 꽤 신선한 느낌마저 들었습니다. 그리고 좋아하는 과목이나 배우고 싶었던 과목을 영어로 들으라고 조언을 하는 잠시 동안 저는 아무 대답도 못 했습니다. 친구는 예를 들어 설명을 덧붙였습니다. 모기(Mosquito)라는 단어를 모스퀴토(Mosquito) 하나로 배우는 것보다 모기를 잡는 방법, 모기에 물렸을 때 대처하는 방법, 또 모기에 물리지 않기 위해 예방 차원에서 할 수 있는 방법 등을 영어로 배운다면 더 많은 영어를 활용하며 배울 수 있다고 말했습니다. 그러면 영어를 직접 말해보는 다양한 활동을 통해 확장해 나갈 수 있지 않냐고 말입니다. 저는 잠시 멈춤 버튼을 누른 듯 머릿속이 하얘졌습니다.

피지에서 토요일 오전에는 프랑스 공익 단체인 알리앙스 프랑세이(Alliances Francaises)에 아이들을 보냈습니다. 프랑스어를 가르치기보다는 피지가 키즈카페 하나 없는 곳이다 보니, 주말에 딱히 놀러 갈 곳도 없고 심심한 아이들을 위해서였습니다. 아이들이 심심해하기도 했지만, 무엇보다 프랑스어를 영어로 배울 수 있기 때문이었습니다. 주말에 영어를 들을 수 있는 수업이 있다는 것 자체만으로도 그 과목이 무엇이든지 상관없다고 생각했습니다. 1시간 반 수업 동안 간단한 인사말이나 색깔 등을 프랑스어로 배우고 다른 나라의 문화를 배우는 시간 동안 친구들과 선생님이 기본적으로 쓰는 언어는 영어입니다.

첫째를 수업에 들여보내고 기다리는 시간 동안 국제 학교에 다니는 한 호주 아이와 매일 만나기도 했는데 그 아이는 늘 책을 보고 있었습니다. 프랑스어를 배우는 곳이라 그곳에 있는 책은 모두 프랑스어로 된 그림책과 만화책이었습니다. 기다리는 시간 동안 지루한 둘째도 늘 책을 읽어 달라고 가지고 오는데 모두 프랑스어책이었습니다. 어느 날에는 자주 만나던 호주 친구에게 혹시 이 책을 읽어줄 수 있겠냐고 물었습니다. 흔쾌히 읽어준다고 말하고, 프랑스어로 읽으면 못 알아들으니 프랑스어로 읽고 영어로 번역해서 말해 준다고 했습니다. 순간 너무나 고맙기도 하고, 두 언어 사용이 가능한 아이가 읽어주는 책은 어떨까 궁금하기까지 했습니다.

프랑스어를 얼마나 공부했냐고 물으니 4년을 배웠다고 했고, 그 정도 공부해서 말도 할 수 있고 글도 읽을 수 있느냐고 물었더니 그렇다고 대답했습니다. 4년이라고 망설임 없이 명확하게 기간을 말하는 초등학교 고학년 정도 되어 보이는 아이의 대답에 되레 제가 말을 이어갈 수가 없었습니다. 10년 넘게 해도 정복이 안 된 영어였으며 언어는 그렇게 정복되지 않는 것이라는 저의 편견을 깨주는 아이의 대답이었습니다.

아, 언어 공부에 끝이 있을 수 있겠구나 그런데 그 4년 동안 일주일에 몇 번씩 공부로 접한 것이 아니지 않을까, 혼자서 그 친구의 프랑스어 학습 과정을 상상하게 되었습니다. 해외 아이들은 어떻게 제2외국어를 공부하고 일정 기간의 결과를 낼 수 있는지 말입니다. 분명 문법과 단어 암기 위주의 공부로는 프랑스어를 읽고 다시 영어로 번역해주며 읽는 것이 4년만에 가능하지 않을 거라는 생각을 했습니다. 책에서 보아왔던 외국어를 습득하는 방법들에 관한 책의 내용이 머릿속을 스쳐지나 갔습니다. 우리가 영어를 배울 때는 늘 새롭고 많은 단어를 다 외웠지만 반복되는 단어들의 활용을 잘하지 못하기 때문에 늘 제자리고 반복되는 문장들은 매번 새로워 보였구나 싶었습니다. 더불어 언어의 본질을 안다면 끝이 있을 수 있다는 생각이 들었습니다. 일상적으로 사용하는 말은 반복해서 자주 씁니다. 언어 공부에 끝이 없다고 생각하고 도돌이표처럼 첫 장으로 넘어가서 공부를 하는 것인지 그 방법 자체에 문제가 있었던 것은 아닐지 생각해 보는 계기가 되었습니다. 이런 자극들 덕분에 우리 아이의 목표를 다시 한 번 되새기게 되었습니다. 그리고 저는 더욱더 아이들을 위해서 마음과 실천이 하나가 되어 아이들을 일관성 있게 이끌 수 있는 힘이 되었습니다. 또한 여행을 왔다 하더라도 늘 언어는 한결같이 우리의 일상에 있어야 한다는 생각에 확신을 얻었기에 아이들은 여행을 가더라도, 할머니 댁을 가더라도, 자기 가방에 엄마 숙제는 꼭 챙겨서 매고 가는 것이 자연스러운 일이 되었습니다. 혹여 못 하는 일이 있더라도, 짐이 많아도, 자기 공부는 저녁을 먹고 꼭 하는 것이 자연스러운 일이 되었습니다. 일상이 되면 아이들은 여기에 와서도 이걸 해야 해 라는 말이 줄어 아이들과 '해야 된다' '하기 싫다'라는 실랑이를 하지 않아도 됩니다. 늘 어디에서건 그렇게 하는 일이 되어서 그렇습니다.

# 06

*

# 국제학교 말고
# 해외 스쿨링

언어를 배우는 과정에서 원어민을 만나 대화를 해보는 경험만큼 중요한 것은 없습니다. 대학 시절 외국인 친구에게 한국 문화를 소개하는 봉사 활동을 할 기회가 있었습니다. 더 잘해주었으면 좋았을 텐데 아쉬워하는 마음을 전달하였더니 외국인 친구는 'You've done so far(지금까지 잘 해왔어)'라고 답을 해주었습니다. 그동안 'have+p.p(과거 분사)'라고 외우기만 했는데 그때 들었던 문장의 충격과 상황이 아직도 생생하게 기억나는 것을 보면 체험을 통한 언어 습득의 가치는 기억 그 이상인 것 같습니다.

누구나 아이를 유치원에 보낼 무렵부터 영어 유치원을 보내야 하는지 한 번쯤은 고민을 하게 되고 더불어 국제학교 진학도 고민합니다. 아이가 유치원을 갈 무렵 이곳저곳을 방문해 영어 유치원 상담도 다녀보았습니다. 영어 유치원을 보내는 부모님들은 대부분 외국의 좋은 중·고등학교 혹은 대학교를 보낼 생각을 하고 준비를 했습니다. 일찍부터 구체적으로 어느 학교를 보내겠다는 장기적인 계획 없이 아이가 커가면서 좋아하는 것을 찾아가는 과정이라고 생각한 저는 큰 괴리감을 느꼈습니다. 저는 차라리 아이와 함께 방학 때마다 해외여행을 다니고, 여행을 갈 때마다 현지에서 스쿨링을 선택하는 것이 좋다는 생각이었습니다. 그래서 첫째 아이가 외국 학교에서 수업을 받아도 될 정도의 영어 실력은 되었지만 국제학교 대신 해외 학교에서 공부하는 것을 시작했습니다. 상황이 되면 아이들이 해외에서 많은 언어적인 경험을 쌓게 하고 싶었기 때문입니다.

요즘 외국에 누구나 있다는 친구 하나 없는 우리가 가능할까? 하는 생각과 유학원을 통해서 목돈을 들여도 한 번의 경험으로 끝나버리지 않을까? 하는 우려가 있었습니다.

우연한 기회에 피지라는 작은 섬나라에 한국 학교의 방학기간인 1~2월, 6~8월 1년에 두 번씩 두 학기를 지낼 수 있게 되었습니다. 환경이 좋은 선진국이 아니고 시골이지만, 영어를 사용하는 나라이고 한국에서 왔다고 환대를 받았습니다. 아이들 또한 어디를 가든 환영해 주는 분위기 때문에 항상 자신감이 넘쳤습니다.

먼 미래까지 계획하고 갔던 스쿨링은 아니었고 한 달살이 정도로 한번 가보자고 시작된 스쿨링이었습니다. 장기적인 계획을 했다면 어떤 나라를 갈 것인지, 어떤 학교가 우리 아이들에게 좋을지, 비용은 얼마나 드는지, 커리큘럼은 어떤지, 학교에 외국인 비율은 얼마나 되는지, 기간은 얼마나 갈 수 있는지 등 고민을 많이 했었을 듯합니다. 우연한 기회로 처음 한 달을 가보고 난 뒤에 작은 것의 소중함을 알게 해 주는 따뜻하고 여유로운 작은 섬나라의 매력에 흠뻑 빠졌기에 다른 조건의 해외여행을 겸한 스쿨링은 생각하지 않게 되었습니다. 그리고 일회성이 아닌 방학마다 아이들과 함께 여름을 보낼 수 있었습니다.

작은 섬나라에는 이렇다 할 브런치 레스토랑도 커피숍도 없었습니다. 아이들을 현지 학교에 보내고 유명한 브런치 가게에서 시간을 보낸다거나 Eye쇼핑하는 일은 그저 SNS에서나 보는 이야기지 저의 이야기는 아니었습니다. 단지, 영어를 쓰는 휴양지이고 비용이 상대적으로 저렴하다는 이유로 선택했기에 다른 이유는 충분히 양보할 수 있었습니다. 피지에서의 스쿨링은 아이들이 원어민과 현지인처럼 친해질 기회가 되었습니다. 현지 아이들은 1, 3학기 때만 오는 한국 친구를 격하게 반가워해 주었습니다. 집에서 하는 홈파티를 즐기며 방과 후 프로그램도 현지 친구들과 함께했습니다. 작은 섬나라지만 수많은 국제기구가 있는 곳이기에 아이들 학교를 통해서 국제기구에 다니는 부모님과 친하게 지낼 수 있었고, 다양한 사람들의 삶을 통해서 방학 동안만큼은 현지인이 된 것 같은 생활을 했습니다. 영어 하나로 이렇게 나의 세상과 아이들의 세상이 넓어질 수 있는 것을 몸으로 느끼는 순간들이었습니다.

처음 한 번의 경험이 저에게도 아이에게도 큰 자극이 되어 또 가고 싶다는 생각이 들었습니다. 저도 현지 아이들과 스스럼없이 지내는 모습을 보고 싶었고, 아이 역시 현지 친구들과 재미있게 놀고 싶다는 생각을 했습니다. 자연스럽게 영어 공부에 대한 자극과 목표를 동시에 심어주었습니다.

한국에 있는 학기 중이나, 방학 동안 해외 학교를 다니면서도 꾸준한 책 읽기와 미디어를 통한 생활 회화 노출은 이어졌고 그 결과도 제가 눈에 띄게 확인할 수 있었습니다. 처음 첫째가 해외 학교에 갈 때에는 말 한마디 못하고 알아듣지도 못하고 멍하니 앉아만 있었습니다. 두 번째 해외 학교에서는 한 달이 끝날 무렵에 'she is not here'라고 한마디 문장을 말했습니다. 그것도 너무도 놀라웠는데 세 번째 피지에 가서는 교실 앞에서 깔깔 웃고 떠드는 첫째 아이의 목소리를 들을 수 있었습니다. 이후부터는 발표하는 내용을 영상으로 선생님께서 보내주기도 하였습니다. 이렇게 눈에 띄게 성장하는 아이의 모습을 볼 수 있었습니다. 저희가 한 것이라고는 매일 책 읽기와 넷플릭스 시청 그리고 한 달에 한 번 정도 시에서 운영하는 원어민 선생님과의 행사나 이벤트에 참여하는 정도였습니다.

두 달 정도 피지에서 머물고 한국에서 4개월을 있다가 다시 피지로 가더라도 해외 학교에서 학습적인 언어 결손이 전혀 느껴지지 않을 만큼 학교 수업을 잘 따라와 주고 있다고 피지 학교 담임 선생님이 말해 주었습니다. 오히려 아이는 한국에 있는 4개월 동안 쌓아놓은 영어를 두 달 동안 모조리 쏟아내는 것처럼 해외 학교에서 수다스러웠습니다. 말 한마디 못하다, 자기가 하고 싶은 말을 모조리 쏟아내는 것 같았습니다. 또한 매번 갈 때마다 본인이 넷플릭스에서 자주 나오는 말을 써먹을 때도 있었습니다.

성인이든 아이든, 전화 영어나 화상 영어를 할 때 처음 말이 입에서 떨어지지 않는 이유가 내 입에서 완벽한 문장이 나오지 않으면, 내가 완벽하게 준비되지 않으면 말을 내뱉지 않기 때문이라고 합니다. 하지만 외국 아이들과 대화를 나누는 경험을 바탕으로 한다면 완벽한 문장이 아니어도 혹은 조금 문법적으로 틀리게 말을 하더라도 의사소통이 가능하다는 것을 경험하게 되고 그 경험은 영어로 말하는 것에 용기를 줍니다. 그렇게 얻은 용기로 계속 말을 해보는 경험을 쌓게 되면서 또 때로는 원어민이 하는 표현을 따라 하게 되고 조금씩 수정해 나갈 수 있게 됩니다.

# 07

*

# 테스트 NO!
# 조바심 NO!

외국어를 배우면서 걱정이나 불안, 자기 자신에 대한 의심, 자신감 부족, 동기 부족 등이 있으면 습득으로 이어질 수 없다고 합니다. 편안한 마음으로 감정적인 부담 없이 배우는 것이 중요하다고 합니다.

테스트라는 것이 점수를 잘 받아야 한다는 심리적인 압박이 있고 긴장되는 분위기가 분명 있습니다. 지금 당장 졸업이나 취업을 위한 점수가 필요하지 않는 아이들에게 테스트함으로써 아이의 실력을 확인하고자 하는 것은 부모님의 궁금증이나 불안증 때문이 아닐까 하는 생각이 듭니다. 또한, 학원마다 혹은 테스트마다 레벨테스트 기준과 방향이 다 다르며 우리 아이가 기존에 해왔던 영어 공부의 과정도 다 다른데 필요하지 않은 긴장감을 주며 아이들 시험대에 올려놓는 것이 무슨 의미가 있을까 하는 생각이 들었습니다. 엄마표 영어를 하면서도 아이의 수준을 확인하고자 중간마다 문턱을 넘기 힘들다는 유명한 영어학원의 레벨테스트나 주니어 토익 등 시험을 보러 다닌다는 이야기를 간혹 들었습니다.

물론 아이의 실력이 궁금하지만 부모의 궁금함을 해소하기 위해 아이를 긴장의 시험대 위에 올려놓고 결과에 따라서 생기는 소모적인 감정 또한 부모의 몫이라는 생각이 들었습니다. 혹시라도 결과가 안 좋다면 후에 나는 학원을 보내려고 하는 것인가 왜 테스트를 보는지에 대한 의문이 들었습니다.

'영어 잘하는데 시험 한번 봐봐'라는 주변의 말에도 저만의 확실한 기준이 있으니 여유로운 마음이 생기고 흔들리지 않을 수 있었습니다. 오히려 아이를 서포트 해주면서 저 또한 낯익은 원서들도 많이 생기고 아이가 요즘에 관심이 있는 것이 무엇인지 관찰하면서 원서를 고를 때 주제에 접목하려는 노력을 기울이게 되었습니다. 아이의 성장을 관찰하면서 아이가 읽는 책의 글 양이나 난이도를 눈으로 확인하며 놀라는 순간순간들이 어떤 테스트의 점수를 받아보는 것보다 보람이 되었습니다, 또 오디오북 없이도 스스로 두꺼운 책을 읽어내는 아이를 보면서 감동의 쓰나미를 느끼기도 했습니다. 아이 역시 영어에 대한 자신감이 점점 생기는 것을 느낄 수 있었습니다.

이렇게 열심히 듣기를 해왔는데 말은 도대체 언제 하지? 엄마표 영어 몇 달 만에 영어로 말을 하고 어떤 아이는 영어로 잠꼬대도 한다는 데, 입이 근질근질하는 날이 온다는데, 대체 우리 아이한테 그날은 언제 오지?

하루빨리 영어로 몇 마디라도 했으면 좋겠는데 영어로 대화를 할 상대도 없고 회화책을 따로 해야 하나 혹은 실력이 어느 정도 되는지 궁금해서 학원 레벨 테스트라도 봐야 하나라는 생각이 들 때도 있었습니다. 듣기 습관 잡는데도 힘들었는데 이제 좀 안정되어가나 했더니 그다음은 말하기의 장벽 앞에 서 있는 것 같아 reset 버튼을 누르고 처음부터 다시 해야 할 것 같아 한숨이 나왔습니다. 아이가 말을 많이 할 수 있는 환경을 만들어주고 싶은 마음이 들었습니다.

아이가 영어 프로그램을 보면서 웅얼웅얼 따라 말을 하는 것 같은데, 정확한 발음은 아니고 말하려고 슬슬 준비하는 것 같은데 무얼 어떻게 더 도와줘야 할지 고민도 들었습니다. 한마디만 영어로 웅얼웅얼해도 이제 말문이 트이려나 하는 생각에 마음이 앞섰습니다. 하지만 엄마가 보기에 '이제 말을 하려나 보다' 하는 것은 이제 영어로 어느 정도 듣기에 적응이 되었다는 단계였습니다. 이제부터 듣기를 집중적으로 시작하는 단계라는 말입니다. 콕 집어 얘기하자면 정확하게 들리지 않고 웅얼웅얼한다는 것은 더욱더 듣기를 많이 해주어야 하는 시기라는 뜻입니다. 하지만 대개는 이제 말을 하려나 보다 하고 한 단계를 뛰어넘어 말하기를 시키려고 합니다. 더도 말고 덜도 말고 하던 대로만 평정심을 유지하며 꾸준히 해주는 것이 필요한데 업그레이드된 다른 교재나 방법으로 가속도를 붙여야 하는 시기인가보다 하고 조급한 마음을 갖게 됩니다.

고민이 깊어져 도움이 필요할 때에는 주변 엄마들에게 조언을 구하기보다는 관련 책을 사보거나 저자 특강을 신청하여 듣는 등 객관적인 시선으로 조언을 구할 수 있는 방법을 찾았습니다. 저자 특강을 가면 강의가 끝난 후에 우리 아이만의 고민을 질문을 할 수 있는 시간이 있기에 사실 그 시간을 위해서 저자 특강을 체크해 놓고 들은 적이 몇 번이나 있었습니다. 그리고 이것을 먼저 경험한 엄마들 또한 이 시기에 나와 같은 고민을 했다는 것을 알게 되었습니다. 같은 고민을 먼저 한 선배로부터 지금 이러한 고민을 하는 과정이 '내가 잘하고 있다는 뜻이구나'라는 따뜻한 위로도 큰 힘이 되었습니다.

# 08

*

# 'Preply'에서
# 대화하기

아이가 상황에 맞게 하고 싶은 말을 아는 단어에 한해서 활용할 수 있는 기회를 만들어 주는 것이 중요합니다. 정확성보다는 유창성을 기를 수 있도록 말입니다. 지금 알고 있는 단어 양이 많지 않지만, 그 단어를 이용해서 계속 나만의 문장을 만들어 입으로 내뱉어 보는 기회를 만드는 것이 중요합니다. 요즘엔 전화 혹은 화상 영어를 통한 방법만 생각하지 않아도 됩니다. 다른 방법들이 많이 있습니다.

원어민과 대화를 해 본 경험은 분명 원서를 읽는 데 초점을 맞추는 엄마표 영어에 플러스알파가 될 수 있다고 생각합니다. 저는 엄마표 영어를 하면서 해외 스쿨링으로 원어민과의 경험을 할 수 있도록 초점을 맞추었기에 영어를 위한 추가적인 투자를 하고 싶은 생각이 없었습니다. 그래서 주로 국립 도서관이나 집 근처에 있는 외국어 마을에서 진행하는 원어민 프로그램을 이용했습니다. 무료이거나 비싸지 않은 금액으로 한 달에 한 번 두 시간씩 하는 무료 프로그램부터 3개월 단위로 하는 프로그램 등 많은 프로그램이 있습니다. 단지 2~3분 안에 마감이 되는 프로그램들이 대부분이라 바깥일이 있을 때는 노트북을 들고 다니며 알람을 해놓고 등록하며 저렴하고 좋은 기회를 놓치지 않으려고 노력했습니다. 대면으로 진행되는 프로그램은 원어민 선생님과 크리스마스, 할러윈데이 등 각 나라의 문화나 다양한 주제별로 진행되는 프로그램이라 아이가 무척 재미있어했습니다. 디즈니 뮤직을 익히고 그 곡으로 완성하는 율동으로 한 학기 후에 발표회를 하기도 했습니다. 유치원 이후에 그런 율동을 하는 발표회는 보지 못할 거로 생각했는데 마침 아주 귀여운 모습을 한 번 더 볼 수 있어서 너무 기뻤습니다.

한국에 돌아와 영어가 들리고 조금 대화를 할 수 있다는 즐거움을 안 첫째에게 영어로 계속 말을 할 수 있는 환경을 만들어 주고 싶었습니다. 전화 영어는 제가 어렸을 때도 성인이 되어서도 해 본 경험이 있기에 교재 안에서의 제한된 회화나 정해져 있는 대화 내용으로 진행된다는 것을 잘 알고 있어서 큰 관심이 생기지 않았습니다. 늘 제2외국어에도 관심이 많았기에 우연히 〈Preply〉라는 해외 사이트에서 중국어와 프랑스어 등 다양한 언어를 온라인을 통해 원어민에게 배울 수 있다는 것을 알았습니다. 다양한 국적의 선생님들은 기본적으로 2~3개 국어를 합니다. 시간, 금액 등의 조건을 선택적으로 고를 수 있는 미국 사이트입니다. 첫째는 8세부터 중국어를 했지만, 성조나 읽기에 약하고 영어처럼 많이 사용하지 않아 능숙하진 않지만, 꾸준히 해왔었습니다. 중국어 선생님이나 프랑스어 선생님 모두 기본적으로 영어를 사용하고, 어떤 언어를 배우더라도 영어로 설명하기 때문에 해외에서 수업을 듣는 것과 크게 다를 바가 없다고 생각이 되었습니다. 화상 영어보다 다양하고 자유롭고 자연스러운 대화가 가능했습니다. 대개의 학원이나 교재를 통해서는 생활 회화 표현을 A가 이렇게 질문을 한다면 B는 이런 답을 하겠지라는 정형화된 표현을 익혀야 했지만 아이는 선생님과의 대화를 통해서 훨씬 더 생생한 표현을 경험할 수 있었습니다. 프랑스어 수업을 하는데 인터넷 연결이 끊긴 선생님께서 '나 줌 방에서 튕겼어'라고 'kicked it'이라는 표현을 한 적이 있습니다. 이런 표현은 체험을 통해서만 얻어지는 것이라 첫째가 그 상황이 되었을 때 선생님이 사용한 표현 그대로 사용을 했습니다. 이러한 경험치가 언어를 배우는 데 있어 덧입혀져 풍부한 표현을 하며 영어에 대한 두려움을 없애주고 언어에 대한 감각을 익힐 수 있다고 생각합니다.

09
*
# 잘하는 것보다
# 즐기는 아이를 상상하라

　첫째와 영어 공부를 어느 정도 마쳤을 때 '둘째는 어쩌지'라는 생각을 하면서 깊은 한숨이 절로 나왔습니다. '3년 후에 이 짓(?)을 또 해야 해?' '한 방에 둘을 같이 하는 기가 막힌 방법은 없을까?'하고 아무리 생각해도 같은 질문과 같은 대답만 머릿속에서 반복되며 마음이 복잡해지는 밤이 하루 이틀이 아니었습니다. 사실 이 고민은 어느 엄마표 영어 가이드 북에서도 도움을 받지 못해 답답했던 부분이었습니다. 둘째를 첫째처럼 다시 시작해야 하나보다 라는 근심만 가득 안고 잠이 드는 것만

이 제가 할 수 있는 대답이었습니다. 다음 날이 되면 일단 그 문제는 있는 그대로 두고 지금 첫째와 할 수 있는 것을 해나갔습니다. 첫째와도 처음 가보는 험난한 여정 속에서 둘째를 위해서 무언가를 따로 해 줄 여유는 없었습니다. 그저 둘째는 항상 주변에서 누나가 공부하는 소리를 듣게 하는 것이 할 수 있는 최선이었습니다.

둘째가 여덟 살이 될 무렵이 영어 공부를 시작해 보려고 할 때인데 '서당 개 3년이면 풍월을 읊는다'는 옛말이 생각이 났습니다. 첫째처럼 처음부터 다시 시작하긴 했지만, 그 무게감이 첫째 때와 달라 저의 부담감도 확실히 줄었습니다. 저 역시 한 번 해봤기에 어떤 책을 해야 하는지, 어떤 방법으로 해야 하는지에 단계마다 제 고민이나 걱정과 의심 또한 덜했습니다.

듣기가 전혀 되지 않았던 첫째와 달리 귀가 어느 정도 트여 있었고, 그림이 없는 챕터북에 대한 부담감이 없는 것만으로도, 열정이 조금 식은 엄마에게 큰 도움이 되었습니다. CD를 켜고 오디오북을 들으며 책을 읽어갈 때 엄마가 누나에게 책 읽기 전부터 강조하고 설명하고 시작했던, 무슨 다른 소리가 들려도 눈과 손가락은 글씨를 따라가야 한다는 것을 알고 있었습니다. 고사리 같은 손가락은 이미 글씨 위에 살포시 올라가 있고 잘 안 되는지 살짝 긴장한 눈을 글씨에 두고 따라가려고 애쓰는 모습을 보고 깜짝 놀랐습니다.

스스로는 글씨를 읽을 수 없다는 것을 아이도 알고 저도 알고 있지만, 글씨 하나하나에 그리고 소리에 집중하려고 노력하는 아이의 모습이 보였습니다. 글씨를 스스로 읽지 못하지만 글을 읽을 수 있는 레벨을 맞추지 않고, 아이가 듣고 이해할 수 있는 소리에 레벨을 맞추어서 책 읽기를 했습니다. 글을 읽지 못해도 글씨를 따라 갈 수 있는 것은 오랫동안 들은 소리에 대한, 끊어 읽기에 대한 리듬감을 느끼기에 가능해 보였습니다. 아이가 애쓰며 손과 귀를 글씨에 맞추고 있는 이 순간 언어적 감각이 조금은 더 느린 남자아이라 여자아이와 또 다르게 긴 시간 동안의 오로지 듣기만 했던 시간이 없었다면 이 또한 쉽지 않았겠지, 지루한 과정에 대한 아이의 힘듦과 낯섦이 거부반응으로 표현되지 않았을까 하는 생각을 문득 해보게 되었습니다. 자연스럽고 편하게 듣는 환경이 얼마나 중요한지 둘째를 통해서 고스란히 느껴졌습니다.

책을 계속 읽다 보면 똑같은 단어가 계속 나오고 오디오북의 정확한 발음을 통해서 정확한 음소를 익힐 수 있기에 읽을 수 있는 레벨은 시간이 지나면 따라 올 수 있을 거라고 생각했습니다. 물론 아이가 조금 벅차하는 날도 있었지만 그럴 때마다 이해할 수 있는 내용이라면 계속 읽으면서 스스로 읽을 수 있는 날이 온다고 격려하고 하루에 한 챕터는 꼭 하고 넘어갔습니다.

얼마 후 둘째는 엄마가 집에 없어도 책을 펴고 책의 상단에 오늘 날짜를 쓰고 CD 플레이어를 작동시켜 한 챕터 정도는 혼자 스스로 어렵지 않게 해낼 수 있다고 느끼게 되었습니다. 첫째와 둘째의 첫 번째 챕터북인 매직트리 하우스는 시리즈가 긴 책이기도 하지만 내용의 흐름이나 반복되는 문장 등에 익숙해지기 때문에 더욱더 어렵다고 느끼지 않았습니다. 이 책 만큼은 책의 재미나 난이도를 떠나서 오디오를 들으며 책을 읽어가는 것에 집중하도록 하였습니다.

엄마의 숙제는 매일 이렇게 하는 것이다는 습관을 길러주기 위해서 끝까지 진행했습니다. 아이가 익숙해져 한 챕터쯤은 쉽지라고 느껴질 때 기억이 안 나면 책을 보고 말해도 되니 읽은 책 내용을 말해보기를 추가했습니다. 이후에는 한 챕터에서 아이가 원하는 문장, 한 문장씩 필사를 시작하여 두 문장으로 늘려보기도 했습니다.

필사를 하면서 스펠링을 외워 갈 수 있으니 읽기에 조금 익숙해질 때부터 필사를 같이 진행하는 것이 첫째 때 해보니 효율적이었습니다. 필사를 하면서 자연스럽게 스펠링을 익힐 수 있기게 훗날 쓰기 영역에 대한 기초를 준비할 수 있었습니다. 또한 책을 읽고 내용을 엄마에게 말해 봄으로써 아이의 스피킹이나 회화에 대한 걱정이나 조급함도 생기지 않았습니다. 이렇게 단계적으로 적응을 시키니 오디오북을 들으며 읽는 것이 제일 쉽고 내용을 말해 보는 것은 재미가 있으며 필사는 팔과 손이 아프다는 피드백이 왔습니다. 상대적으로 오디오북을 들으며 읽는 것에 부담을 느끼지 않게 되니 최종적으로 스스로 영어 원서를 읽어가게끔 이끌려는 엄마의 비밀스러운 목표치에 대한 긍정적인 신호가 되어 주었습니다.

Class 03

# 이제 좀 달려볼까,
# 영어 공부에 속도를 낼 때

책을 읽고 듣는 것을 꾸준히 채우
는 시간이, 언어적인 어려움에 부
딪히지 않는 원동력이 되었습니다.

# 01

*

# 단어 읽기부터
# 시작하자

첫째는 유치원에서 방과 후 영어 수업을 하면서 파닉스를
배우게 되었습니다. 간단한 회화를 배우면서 단어 쓰기를 먼저
했습니다. 유치원을 믿고 맡겼기에 영어 프로그램이 어떻게 진
행이 되든 그런가 보다 하고 따라갔습니다. 그것도 유치원을 옮
기는 바람에 1년 남짓하고 그만두었습니다. 영어와 영어 교육
에 늘 관심은 많지만, 영어 노출에 대한 방법이나 정보가 전혀
없었고 더 무언가를 알아보려고 하지 않은 채 유치원을 보냈습
니다. 초등학생이 되면 당연히 학원을 보내야지 하는 생각만 있

었습니다.

첫째가 여덟 살 때 영어 공부를 한번 해보자고 생각했지만 선뜻 어디서부터 시작을 해야 할지 몰랐습니다. 영어로 책을 읽기로 했으니 엄마표 영어 관련 책을 고르기 위해서 온라인 검색과 오프라인 서점을 열심히 다녔습니다. 한글책도 아닌 영어책을 그것도 전집을 산다는 것은 무척 부담스러웠습니다. 잘할 자신이, 끝까지 할 자신이 제겐 없었습니다. 그래서인지 책을 고르는 데도 시간이 한참 걸렸습니다. 중도 포기할 수 있다는 가능성을 열어둔 채 종이책보다 태블릿으로 하면 아이가 흥미를 더 가지지 않을까 하는 생각이 들었습니다. 또한 하다가 말면 앞부분만 펼친 자국이 있는 책을 보며 속상함이 밀려 올텐데 태블릿으로 하면 탭 속의 앱만 지워버리고 잊어버리면 속이 덜 쓰리지 않겠냐는 얄팍한 보호 장치도 되었습니다.

그것마저도 부담이 덜한 6개월 사용이 가능한 10만 원 전후반의 〈ORT 퓨처팩〉으로 시작하게 되었습니다. 파닉스를 제대로 다 떼었다거나 한번 따로 훑어보고 난 후에 책 읽기를 시작한 것이 아니라 책을 읽어가며 파닉스를 한 번 더 짚어줄 생각이었습니다. 사실 구체적인 공부 방법을 짜거나 스텝별 계획을 짠 것이 아니라 원서 읽기를 한번 해보자 하고 덤벼들 듯 시작한 것이기에 파닉스를 하지 않고 바로 짧은 문장의 책 읽기를 시작한 것입니다. 다른 엄마표 영어책을 봐도 아이의 사정에 따라 다르기 때문이기도 하지만 8세에 영어를 처음으로 시작하는 아이에게 파닉스를 먼저 해야 할지, 책 읽기를 바로 해도 좋은 지에 대한 이야기보다는 어떤 그림책이 좋으며 단계별로 보면 좋은 정석 같은 책이나 영상의 종류를 나열해 놓은 책이 많았습니다. 그런 부분이라면 블로그 같은 SNS에도 정보는 쉽게 찾을 수 있고 다독할 수 있는 ebook 앱을 보아도 잘 정열이 되어 있기에 제가 궁금했던 부분에 대한 해소가 되지 않았습니다. 그래서 무작정 한 두 줄 짜리의 짧은 문장부터 읽어 나갔습니다.

아이가 유독 잘 기억하지 못하는 단어들이 있었습니다. 매일 10~20분씩 시작하여 5분씩 10분씩 아이 몰래 혹은 미리 상의하여 늘려 가는데도 매일 해도 읽지 못하는 단어들을 만날 때마다 속이 상하고 이렇게 해서 과연 글을 읽을 수 있을까 라는 생각에 부딪혀 좌절을 할 때가 많았습니다. 속이 상하지만 중고 서점에 가서 여러 원서를 보며 위로를 받고 이런 두꺼운 책을 읽을 날이 오겠지 하며 목표를 다지기도 했습니다. 유독 아이가 모르는 단어가 많이 나오거나 그런 단어들이 제목인 그림책을 골라 밤에 침대 위에서 읽어 주었습니다, 그림책은 그림책 제목과 〈Read Aloud〉를 붙여 유튜브에서 검색을 하여 원어민이 그 책을 읽어주는 영상을 통해서 그림책을 보여주기도 했습니다.

첫째는 처음 글을 읽을 때 'Sleep'을 힘들어 했습니다. 읽고 또 읽어도 다음 날이 되면 또 못 읽었습니다. 자 이제 앉아서 영어책 읽자고 앉히는 것도 보통 일이 아니었기 때문에 겨우 어르고 달래어 앉혀 놓고 제 마음도 차분히 누르고 어제 했던 부분을 다시 한번 힘차게 읽어보자며 파이팅 넘치게 시작을 하면 아이는 꿀 먹은 벙어리가 되고 말았습니다.

　애가 타 입술이 메말라 가지만 일희일비하지 말자고 저는 또 저 나름대로 자신을 달래는 수밖에 없었습니다. 조금 내려놓고 그냥 어제도 오늘도 내일도 하던 책 읽기를 해나갔습니다. 어느샌가 저도 저녁 시간에 아이와 함께 오디오 플레이어 앞에 앉는 것이 습관이 되 매일 그 시간엔 그 자리에 앉게 되었습니다. 매일 진전이 없어 보이는 아이의 실력도 조금씩 쌓여가는 중인지를 느낄 듯 말듯 아이가 오디오의 소리와 책에 오롯이 집중해나가기 시작했습니다.

　보통 아이들이 어린이집이나 유치원에서 알파벳을 처음 접합니다. 8세라는 나이가 학습을 시작할 수 있는 나이이기 때문에 굳이 파닉스를 위한 파닉스를 다시 하지 않더라도 책을 읽어가면서 파닉스를 익히는 것이 충분히 가능했습니다. 알파벳 하나하나의 소리를 익히며 그 알파벳이 만들어 내는 단어를 익히는 것과는 반대로 문장 안에서 파닉스를 보충해 나가도 아이가 이해할 수 있는 시기이기 때문입니다. 또한 영어는 규칙적인 소리를 내는 단어보다 불규칙한 소리를 내는 단어들이 더욱더 많기에 파닉스를 뗐다고 해서 모든 단어의 소리를 정확하게 읽을 수는 없습니다. 'e'는 '이-' 소리가 날 때도 있고 '에-' 소리가 날 때가 있는데 그것은 많은 문장 속에서 단어를 만나보는 경험이 있어야 하기 때문입니다.

저희가 스쿨링을 했던 해외 학교에서 둘째가 초등 1학년이 될 때 코로나로 인해서 온라인 수업을 하면서 아이의 수업 과정을 옆에서 볼 수 있는 기회가 있었습니다. 규칙적인 소리는 거의 따로 공부하지 않고 불규칙 소리를 내는 단어 Tricky Word 위주로 읽는 연습을 많이 하였습니다. 선생님께서 음소를 알려주고 음소가 내는 여러 가지 소리를 노래로 불렀습니다. 알파벳이 들어간 단어와 문장을 많이 만나는 것을 보았습니다. 첫째는 두서없이 그냥 막무가내로 책을 읽히는 건 아닌지 걱정을 안고 시작했던 영어책 읽기였는데 제가 해왔던 과정을 둘째 아이의 해외 스쿨링 1학년 수업에서 만나니 큰 보람을 느꼈습니다. 그리고 본질은 충분한 듣기를 바탕으로 책을 통해 많은 단어와 문장을 만나면서 소리와 뜻을 자연스럽게 익히는 것이었구나 하는 생각에 확신을 가지게 되었습니다.

# 02

\*

# 단어 공부에
# 알맞은 책을 골라라

둘째는 누나 덕분에 5세 때부터 어깨 너머로 영어에 노출이 많았습니다. 유치원 3년 동안 영어 동요를 열심히 듣고 따라 불렀습니다. 유치원에서 즐겨 보는 영상을 좋아했기에 다른 콘텐츠를 애써 따로 찾지 않고 집에서도 좋아하는 캐릭터나 영상을 반복적으로 틀어주었습니다. 보통 이전에 집에서 티브이를 보는 시간을 디즈니 영화나 넷플릭스 애니메이션을 영어로 보는 시간으로 채웠습니다. 또한 누나가 하는 챕터북의 CD 소리 듣기로 3년을 가득 채웠습니다. 한국 학교의 방학 때마다 해외 유치원을 갔지만 듣지도 말하지도 못하는 상태였습니다. 아이는 영어 친구들만 있는 학교는 가고 싶지 않다고 등원 거부도 매일 이어졌지만 아이를 달래어 들여보냈습니다.

둘째라 그런지 아들이라 그런지 초등학교 입학 시기가 되었지만, 한글도 떼지 못한 아이였기에 영어로 말하는 것은 기대도, 재촉도 하지 않았습니다. 듣기가 차고 넘치면 말하는 것은 시간문제라는 것을 첫째의 경험에 미루어 알고 있어 불안하거나 조급한 마음이 들지 않았습니다. 오히려 한글 읽기와 쓰기를 조금 더 신경 썼습니다. 또 베드 타임 스토리를 들으며 집중하는, 단기 집중력을 키워온 환경이 재촉하지 않아도 된다는 믿음을 주었습니다. 스스로 읽기는 미숙할지라도 많은 이야기책을 듣고 자란 아이여서인지 비교적 조리 있게 말하는 것을 보면서 아이를 재촉할 이유가 마음속에서 사라졌습니다. 뒹굴 거리는 시간이나 둘이서 마주 앉아 있는 시간이 생길 때면 엄마가 읽어준 책 이야기를 해달라며 조르기도 했습니다. 아이가 생각보다 기승전결이 깔끔한 이야기를 들려주곤 할 때, 베드 타임에 책을 읽어줄 맛도 났습니다. 또한 비슷한 유형의 문제 풀이를 해도 문제 유형을 금방 알아차리고 그 패턴대로 문제 유형을 파악하여 답을 골라내는 눈치도 생겼습습니다. 문제를 안 읽어도 답을 찾아내는 놀라운 녀석이라고 웃으며 놀렸지만, 이런 흐름을 파악하는 데는 어렸을 때부터 많은 이야기를 귀로 들으며 집중하며 전체적인 문제의 의도를 파악하는 능력 또한 꾸준히 발전이 되었나 봅니다.

　둘째가 일곱 살 중후반쯤 되니 첫째의 영어책 읽기 습관은 일상이 되어 있었습니다. 그래서 저에게도 여유가 찾아오고 둘째에게 눈을 돌리게 되었습니다. 둘째가 한글 깨우치는 과정을 보며 시각적으로 인지하는 것이 느리다는 것을 깨달았습니다. 그래서 소리에는 이미 귀가 촉촉이 젖어 있으니 이대로 유지를 하면서 글자를 인지 할 수 있도록 최대한 많은 시간을 써야겠다는 생각이 들었습니다. 그러한 부분에 초점을 맞추기 위해서 영어 서점에서 직접 보고 〈스콜라스틱 Sight Word 리더스〉세트를 선택하였습니다.

　〈사이트 워드〉*란 어린이 영어책에 자주 등장하는 단어들을 연령대별로 모아놓은 것으로 시간이 많은 유치원생은 한번쯤 천천히 보아도 좋다는 생각이 들었습니다. 〈스콜라스틱 Sight Word 리더스〉는 볼펜 하나 정도의 작은 사이즈에 쉬운 단어들로 구성되어 있어, 베드 타임 스토리 시간에 읽어 주기가 부담이 없었습니다. 둘째에게 제가 읽어 주기도 하고, 책들을 침대 위에 펼쳐 놓고 엄마가 말하는 단어가 들어있는 책을 찾아보는 게임도 하고, 아이가 알고 있는 단어로 해보고 한동안 이 책만 가지고 놀았습니다. 자연스럽게 책을 외우게 되고 난 다음부터 조금씩 집에 있는 다른 책에서 한 글자씩 보는 연습을 했습니다. 〈사이트 워드〉 정도의 간단한 단어들이 있는 책들보다 상대적으로 글씨가 많은 누나의 책에서 아는 단어 찾아보기나 읽어보기 등의 게임을 한 이유로 책을 덜 사주기도 했지만, 나중에 글 양이 많은 책에 좀 더 적응을 시키고자 했기 때문이었습니다.

다음으로 〈사이트 워드〉와 비슷하게 유치원 아이들이 많이 하는 스티커 붙이기 등과 리듬감 있게 문장을 따라 할 수 있는 등의 간단한 활동을 할 수 있는 책인 〈Easy Link Sratrer〉도 해 보았습니다. 3권을 매일 매일 하다 보니 빠른 속도로 끝냈고, 그 안에 있는 단어들을 다 익힌 것은 아닙니다. 한 번 눈으로 글자를 보고 들어보고 말해 본 것입니다. 문장이 나오고 그 문장을 따라 말하는 데에 사실 입이 자기 마음대로 되지 않아 잘 안 된다고 하기도 하고 맛보기 정도로 한번 훑어보는 정도로 만족했습니다. 그 속에서 조금만 긴 문장이 나오면 어렵다고 하기도 했습니다. 그럴 때는 CD플레이어에서 정지 기능을 이용하여 문장의 반을 잘라 반복적으로 들려주기도 하고 엄마가 아주 천천히 읽어주며 따라 읽기도 했습니다.

그리고 난 다음부터는 재미있는 이야기가 있는 짧은 책으로 오디오로 듣는 집중 듣기를 바로 시작했습니다. 문장 속에 아이가 모르는 단어가 있다는 건 크게 개의치 않았습니다. 둘째가 읽고 이해하는 정도의 책이었지만 본인이 스스로 혼자 술술 읽어나가는 단계는 아닌 눈과 귀의 레벨에 맞추어 계속 읽기를 진행하였습니다. 처음 책을 시작하기에 재미나 흥미 혹은 조금 깔깔거릴 수 있는 재미 위주의 책을 하고 싶었습니다. 아이가 책이 재미있다는 것을 알려주는 데 목적을 두고 싶었습니다.

모르는 단어가 나왔을 때 바로바로 찾아보고 넘어가야 하는지에 대한 제 생각은, 한글이든 영어든 모르는 단어는 항상 있을 수 있습니다. 모르는 단어뿐만 아니라 이해가 안 되는 문장도 많이 만납니다. 백이면 백, 대비하고 있어도 모르는 것은 언제나 있다고 생각하는데 그런 상황이나 문제에 대해 의연하게 개의치 않고 넘어가는 연습을 하는 것도 중요하다고 생각합니다. 그다음 문장을 보다 보면 앞에서 한 말을 큰 흐름으로 이해하면서 넘어가는 경우도 있고 모르는 문장이나 단어였지만 전체적인 흐름에 영향을 전혀 주지 않는 말일 수도 있습니다. 한 단어를 모른다고 해서 거기서 당황하고 멈칫하기보다는 모르는 것은 모르는 대로 두고 넘어가는 연습도 필요하다고 생각하기에 아이가 이게 무엇이냐고 묻지 않는 단어는 굳이 하나하나 찾아주지 않았습니다.

여러 좋은 온라인 영어책 서점이 있지만 제가 마음에 드는 한 사이트만 집중적으로 참고했습니다. 주제, 분야 북레벨까지 한 번에 확인 할 수 있어 여러 사이트를 돌아다니지 않아도 한 곳에서 확인할 수 있는 웬디북(www.wendy.co.kr)이라는 영어 원서 사이트를 주로 이용했습니다. 연령별, 분야별, AR 별로 책이 자세히 구분되어 있어서 처음 책을 찾아보는 사람도 찾아보기 쉽게 구성이 되어 있습니다. 홈페이지의 하단에는 책 안의 글 양도 확인 할 수 있으며, 책의 사이즈도 볼펜으로 표기되어 온라인으로 책을 고를 때 도움이 많이 되었습니다. 또한 책에 따라서 간단한 책의 내용이 정리되어 있기에 아이가 고른 책의 내용을 제가 먼저 파악할 수 있고, 책의 제목을 검색하면 이 책의 북 레벨을 확인할 수 있었습니다.

온라인 서점에서 책을 구경하며 후기도 읽어보고 레벨별로 연령별로 책을 구경하다 보니 어느새 두껍게만 느껴지던 엄마표 영어책에서 나열해 놓은 레벨별 책을 읽어가는 순서들이 감이 오기 시작했습니다. 또한 유명한 영어책은 어떤 책이라는 것도 이제 제목만 들어도 알게 되었습니다. 이 책을 읽고 나면 이제 이런 책을 읽는 차례가 되는구나 첫째가 이런 책을 읽을 날이 올까 하며 즐거운 상상을 하기도 했습니다.

〈사이트 워드(Sight Words)〉
1930년에 돌치(Dolch)가 고안한 사이트 워드는 어린이 영어 책에 사용 빈도수가 높은 영어단어 220개를 필수 단어로 선정했습니다. 미국 유치원과 초등학교에서 이를 활용하여 단어와 기본 문장을 익히고 응용하는 연습을 합니다.

〈오톡 영어(Oh! Talk)〉
쌍둥이 책으로 유명한 오톡 영어는 훗날 중국어를 시작할 요량으로 시작한 책인데, 짧고 간단한 문장이며 세이펜 기능이 있어 아이 혼자서도 읽고 따라 할 수 있었습니다. 아이도 세이펜으로 찍으면 소리가 나오는 것이 재미있었던지 책을 넘기기도 전에 다음 장의 문장을 말해 버릴 만큼 읽어댔습니다.

〈얼리 챕터북〉
챕터북은 그림은 너무 없고 흑백에 갱지 종이라서 어른이 보기에도 재미없고 부담스러워 보였습니다. 그때 영어 서점에 가서 책 구경을 하다 만난 얼리 챕터북은 그림책과 챕터북 사이에 그림이 한 페이지에 하나 정도 있고 글씨도 크고 컬러이므로 아이들이 상대적으로 부담을 덜 느꼈습니다. 책의 내용도 아이들이 한 번쯤 접해 보았을 만한 이야기이어서 아이들이 내용을 이해하는 데 있어 무리가 없었습니다.

〈Fly Guy (AR 1.5~2.7)〉
소년 Buzzy와 플라이 가이라는 주인공 파리가 펫이 되어 재치 있는 에피소드로 어른마저 아 이런 상상을 이라는 생각을 하게 한 Fly Guy는 초반에 들어간 책이라고 하기에는 둘째에게 쉽지 않은 책이었습니다. 한 페이지에 스스로 읽을 수 있는 단어가 많지 않았지만 소리를 듣고 이해하는 데는 무리가 없었습니다. 처음에는 소리도 조금 낯설어했지만 서너 권이 넘어가면서 오디오 CD에 익숙해지고 내용에 따라 아이가 웃기 시작했습니다. 코믹한 책은 아이가 이해했는지가 웃음으로 바로 표현 되고, 내용까지 재미있으니 더할 나위 없이 좋아하는 장르입니다. 문장이나 단어가 어렵다는 생각보다는 아이가 내용에 좀 더 집중하여 재미를 느꼈습니다.

# 03
*
# 한두 줄짜리 책과
# 오디오북으로 시작하라

얇고 짧고 알록달록한 그림책만 보다가 글은 더 많아지고
그림이 없는 챕터북으로 넘어가기에는 시간이 다소 걸리고 힘
들 수 있습니다. 책을 보기만 해도 부담스럽고 읽기 싫다는 생
각이 듭니다. 이것을 도와줄 수 있는 것이 바로 오디오 CD 입니
다. 오디오북으로 책을 읽으면 읽기와 듣기를 같이 할 수 있는
효과가 있습니다. 모르는 단어가 있어도 막히는 부분이 있어도
대신 읽어주니 술술 넘어가며 도움을 받을 수 있습니다. 또 중
요한 한 가지는 끊어 읽기의 흐름을 리듬감 있게 느낄 수 있다

는 것입니다. 사람이 직접 읽어주기에 억양에 따라 낭독자의 호흡에 따라 끊어 읽음으로써 구나 절을 음악을 듣듯 감각적으로 익힐 수 있습니다. 낭독자가 끊어 읽는 부분에서 호흡을 하며 끊어 읽기를 함으로써 구와 절, 문단을 리듬감 있게 익히고 전체적인 문장의 의미를 파악하는 데 도움을 줍니다. 아이들이 영어를 배워가면서 "엄마 발음이 이상해"라는 말을 많이 하지만 첫째는 제가 영어책을 읽어 줄 때 엄마가 "아빠가방에들어가십니다"라는 듯 리듬감도 없이 끊어 읽지도 않은 것을 흉내 내며, 띄어가며 읽지 않으니 이상하게 들린다고 지적까지 했습니다. 그 순간 내용을 이해하기 위해서 발음만큼 중요한 것이 바로 호흡, 끊어 읽기라는 것을 깊이 깨달았습니다. 아이들이 오디오 CD를 들으며 책을 읽었기에 구와 절, 문단의 이해가 더 쉬웠다는 것도 그때 알았습니다.

비교적 그림책을 접하거나 영상을 접하는데 무리 없이 따라와 주던 저희 아이도 챕터북이라는 산은 넘기가 쉽지 않았습니다. 그림책 이후에 챕터북의 시작을 알리는 〈매직트리하우스〉를 시작해보려고 아이가 놀 때나 차로 이동할 때나 오디오북을 미리 들려주고, 책을 아이가 보는 곳에 슬쩍슬쩍 두기도 하고, 아이들이 보는 앞에서 제가 읽어 보기도 했지만 아이의 반응은 좋지 않아 고민이 깊었습니다.

인터넷 서점에서 책을 구경하기도 하고, 검색하면 쉽게 찾을 수 있는 레벨별 읽을 책 리스트도 보았지만 직접 아이와 아이가 원하는 책을 보고 싶었습니다. 그래서 영어 서점에 가서 책을 보던 중 챕터북으로 들어가고 싶은데 쉽지 않다고 서점 직원에게 이야기를 했습니다. 아이의 리딩 레벨을 물으며 초기 챕터북 섹션으로 저를 이끌었습니다.

초기 챕터북은 그림책과 그림이 없는 챕터북 사이의 책으로 그림이 있는 컬러 책이고 이미 아이들이 한 번씩은 한국어로도 읽어 보거나 티비에서 본 이야기인 듯한 〈장화 신은 고양이〉, 〈탈무드〉 등 이야기로 구성이 되어 있었습니다.

전집을 사지 않고 초기 챕터북 중에서 아이가 마음에 드는 책을 몇 권 고르게 하고 그날로 오디오CD를 들으며 책을 읽었습니다. 어디서 들어 본 적이 있는 이야기들이라 아이는 어렵지 않게 접근이 되었나 봅니다. 그리스 · 로마 신화 만화에서 본 이야기라 알고 있는 내용이라며 신나게 재잘재잘 이야기하며 초기 챕터북을 재미있게 읽었습니다. 그러면서 글씨가 조금 많아진 책에 적응을 하고 이전의 그림책보다 조금 호흡이 길어진 책에 집중을 하는 연습을 조금씩 하게 되었습니다.

초기 챕터북을 하면서도 차에서 이동하는 시간이나 집에서 놀 때는 다음 단계에 해야 할 책인 매직 트리 하우스의 CD를 들려주어 그 책의 속도와 소리에 익숙해지도록 하였습니다. 챕터북을 시작하려고 처음 시도했던 시점으로부터 대략 6개월 만에 챕터북을 시작하게 되었습니다. 저희가 앉아서 집중해서 오디오북을 읽은 기간이 3년 반에서 4년 가까이 되었고, 그중 6개월이나 챕터북을 위한 적응 시간으로 썼습니다. 그만큼 챕터북을 넘기는 일이 결코 쉽진 않았습니다.

# 04

*

# 주말도, 방학도 없이
# 매일 하는 것이 중요하다

매일 잠자리에서나 오디오북으로 책상에 앉아 책을 읽는 습관이 자리 잡아도 어쩌다 보면 아이가 일찍 잠들어 버리는 날도 있고 봄, 가을 날씨가 좋은 날이면 놀이터에서 늦게까지 놀다 들어오는 날도 있습니다. 혹은 집안 행사 등 여러 가지 일로 건너뛰는 날도 생깁니다. 건너뛰는 날의 공백과 휴무일의 공백과 주말을 모두 쉬어버리면 사실 일 년의 반 정도 밖에 하지 못한다는 계산이 나옵니다. 그리고 평일에 혹여 하지 못한 부분을 주말에 해야지 하면, 그것이 아이와 실랑이가 되어버리기 때문에 시작하기도 전에 힘이 빠져버리는 상황이 오기도 합니다. 그러한 이유들도 있었지만, 언어이기 때문에 일상에서 티비 보듯 안착이 되길 바라는 마음이 컸습니다. 그래서 매일 한국어로 말을 하듯이 영어책 읽기도 매일 읽는다는 규칙을 정했습니다. 아이들이 커가면서 왜 주말에도 해야 하냐고 물을 때는 평일에 못한 부분이 있을 수 있기에 보충하기 위해서라도 해야 한다고 일관되게 말했더니 그 후로는 당연한 듯 받아들이고 여행지 숙소에 티비가 있지만, 아이들은 넷플릭스나 디즈니 영화의 재미에 빠져 숙소의 티비는 켜 볼 생각도 하지 않았습니다.

주말에 1박 2일 여행을 가기도 하지만, 아이와 함께 해외 스쿨링을 시작하고부터는 1년에 두 번씩 2개월 정도 해외에 나가는 등 장기간 여행을 가는 일이 많아졌습니다. 장기간 여행을 하면 아이들이 해외 현지 학교를 다니면서 종일 영어 수업을 듣고 오기에 따로 영어 공부를 안 해도 된다고 생각하지 않았습니다. 우리도 학교에서 한국어로 국어를 배우고 집에 오더라도 한글책을 따로 또 읽는 것처럼요. 여행을 가도, 스쿨링을 가도 늘 하던대로 같은 시간대에 책상에 앉아 오디오북을 들었습니다.

여행지에서 아이들이 놀다 보면 피곤해서 귀찮아질 수도 있지만 흐름이 끊기는 것이 우려되고, 무엇보다 한국어처럼 영어가 아이들에게 일상 깊숙이 들어오게 하는 것이 가장 큰 목표였기에 늘 똑같이 하려고 노력했습니다. 피지 공항에 도착해서 하룻밤을 머문 호텔에서도 낮에 신나게 물놀이를 한 둘째는 돌아가는 CD 플레이 옆 식탁 위에서 잠이 들기도 했습니다. 엄마표 영어는 시간과 장소에 구애를 받지 않는다는 장점이 있으니 엄마가 중심을 잡고 흐름을 이어나간다면 여행을 가는 것이 학원에 얽매이지 않으니 더 든든했습니다. 사실 학원을 다니면 빠지게 되는 만큼 보강을 받아야 하니 주중이나 방학이나 아이는 보강이나 특강에 치이고 엄마는 라이딩에 지치게 되는데 말입니다. 단지 책에 CD 플레이어까지 어딜 가든 들고 다니니 여행 가방이 조금 더 무거워질 뿐입니다. 아이들은 공항에서 기다리는 시간에도 이동하는 차 안에서도 항상 〈아이들이북〉이나 〈라즈키즈〉 등 태블릿으로 할 수 있는 숙제 같지 않은 숙제를 해내는 것도 참 자연스러워졌습니다.

# 05

*

# 베드 타임 그림책으로
# 독서 습관 만들기

낮에 소파에 앉아서 '엄마가 책 읽어 줄게. 엄마 옆에 와서 앉아봐'라며 책 읽기를 시작하면 처음에는 엄마가 무얼 하는지 호기심 어린 눈으로 모여들지만, 어느샌가 아이들은 안방으로 놀이방으로 각자 흩어집니다. 아무래도 에너지가 넘치는 낮에는 아이들도 놀고 싶은 장난감을 가지고 놀고 싶어 했습니다. 어느새 거실에는 저 혼자 덩그러니 앉아 있습니다. 방에서라도 들어라 하는 마음으로 목소리는 더 커지다가도 읽을수록 듣고 있는지 기운이 빠져 다시 목소리가 작아집니다. 낮에는 그렇게 아이들을 책에 집중하게 만들기가 쉽지 않았습니다. 방 하나에 벽면을 책으로 가득 채워도 그 방에만 있지 않고 돌아다니니 도서관처럼 방안에 앉아서 책을 보지는 않았습니다. 놀거리가 많은 요즘 아이들을 앉혀 놓고, 책을 읽히기에는 아이들이 너무 지루해하였습니다. 일상이 좀 심심하고 지루해야 책을 읽을텐데 장난감과 할 수 있는 일이 넘쳐나는 요즘 아이에게 책을 읽는 습관을 어떻게 만들어야 하는지 고민이 되었습니다. 스스로 읽는다면 모를까 낮에는 아이가 앉아서 책을 읽는 것을 바라거나 요구하지 않았습니다.

우리가 늘 책을 읽어오던 시간인 베드 타임 책 읽기 시간을 좀 더 늘리기 위해 일찍 일과를 마무리하고 잠자리에 누워 그 시간에 더욱더 집중하기로 했습니다.

저녁 먹고 다 함께 눕는 시간! 책을 접할 수 있는 이 시간이 없었다면 아이들이 스토리에 재미를 붙이고 책 읽는 습관을 길러 주기 힘들었을 거라고 생각합니다. 편해야 하고 또 쉬워야 습관이 만들어졌습니다. 이 시간을 통해서 첫째는 한글을 떼었습니다. 아이들이 한글을 모르는 어린 나이에는 집에 책이 많지는 않았습니다. 짧은 한글책 한 세트 정도가 전부였는데 하루에 10권 이상을 읽어줄 때도 있어 매일 반복적으로 읽게 되었습니다.

아이들이 먼저 침대에서 책 읽을 준비를 하던 어느 날 첫째는 엄마만 오매불망 기다리다 지쳐 스스로 책을 읽기 시작했습니다. 하지만 그것은 글을 읽을 줄 알아서가 아니라 엄마가 읽어주던 소리를 외워서 글자에 대입하며 읽고 있었습니다. 조금씩 기억이 가물가물한지 끝말은 혼자 상상해서 말을 끼워 넣는 것을 보고 눈치챌 수 있었습니다. 이것이 어느 책에서 말한 단어가 해독이 되어 독서가 시작되는 순간인가 싶어 감동이 밀려왔습니다.

첫째가 스스로 영어책을 읽기 시작한 장소도 침대 위였습니다. 오늘 엄마에게 읽어달라고 할 책을 골라 들고 아직 집안일 마감이 덜 된 엄마를 기다리다 지루해진 아이가 역시 스스로 한 단어 한 문장 띄엄띄엄 소리 내어 읽기 시작했습니다. 제 귀가 쫑긋해지는 것을 느끼고 설거지하던 고무장갑을 벗어던지고 다가가 가만히 지켜보았습니다.

"와 대단해!!!! 거봐 읽을 수 있네!!!"

한국어 책을 처음 읽을 때와 데자뷔가 되는 기분이 들어 소름이 돋을 정도였습니다. 사실 베드 타임에 책을 읽어주는 일이 아이가 엄마의 소리를 듣고 글자를 익히고 스스로 책을 읽어나가는 순간을 안겨준 소중한 시간이기도 했지만, 종일 아이들과 지지고 볶고 혼내고 화를 내며 아이들을 재우고 나면 밀려오는 후회와 미안함에 대한 회계의 시간이 되었습니다. 이 시간이 저에게는 아들에게 화내고 예민했던 나에 대한 위로의 시간이며, 아이들에게 미안함을 풀어줄 수 있는 시간이 되었습니다. 오늘 아이들에게 더 잘해줄 걸 하고 자는 아이 얼굴을 어루만지며 자책을 하기보다는 책을 읽으며 아이와 교감하는 시간이 큰 위로가 되었습니다.

그림책을 추천해주는 책, 블로그, SNS는 참 많습니다. 사실 그림책은 아이와 엄마가 교감해가면서 고르는 책이 가장 좋다고 생각합니다. 그림책을 고를 때는 아이와 함께 중고 서점을 주로 이용하거나 유튜브의 READ ALOUD로 먼저 접한 책 중에서 아이들이 유독 좋아한 책을 서점에서 사서 밤에 또 읽어 주었습니다.

〈블랭킷〉
다소 긴 이야기지만 우리가 초반에 들었던 유튜브로 많이
들었던 Read Aloud 시리즈인데 반복해서 보고 나중에 중
고서점에서 책을 만나 집에서도 읽어 주었습니다.

〈I Love You Forever〉
아낌없이 주는 나무와 비슷한 일생에 대한 감동적인 이야
기로 저 또한 큰 감동을 하였습니다. 이야기에 나오는 시
같은 노래는 유튜브에서 찾아서 들려주었습니다. 그리고
가끔 밤에 불을 끄고, 불러주면 곧잘 따라 부르다 잠들기
도 했습니다. 너무나 따뜻한 이야기입니다.

〈더 트리〉
한글로도 쉽게 접할 수 있는 책인데, 영어로 먼저 읽어주
니 낯익은 표지에 엄마가 늘 읽어주던 책이어서 인지 학
교 도서관에서 이 책을 계속 빌려오곤 했습니다.

〈피기〉
짧은 문장과 내용 안에 위트 있는 반전이 숨어있습니다!
처음에는 다 읽어주는 것만으로도 좋아했는데 한 번 재미
있는 책은 두 번이고 세 번이고 또 보는 아이들과 역할극
을 하기도 했습니다. 아이들이 글을 읽지 못하더라도 여
러 번 읽어서 이미 다 외우고 있었습니다.

〈Have You Seen My Hat〉
Have You Seen My Hat이라는 표현에 매료되어 이 책을
골랐습니다. 집에서도, 피지에서도 아이들이 이 표현을 할
때면 정말 뿌듯했습니다.

〈The Kissing Hands〉
학교 가기가 두려운 아이에게 엄마는 손등에 키스를 해주
며 이 키스는 손을 씻어도 지워지지 않고 너와 함께 한다
고 아이에게 말해줍니다. 저도 매일 밤마다 손등에 키스
를 해주며 아이에게 용기를 주었습니다.

〈That's Disgusting〉
첫째가 중고 서점에서 고른 책으로 이 단어를 겪어본 기억에 혼자 키득키득 웃으며 이 책을 가지고 왔습니다. 짧고 간결하게 디스 거스팅의 의미를 잘 전달해 주는 책이지만 디스 거스팅이라는 단어는 좋은 의미의 단어는 아닙니다. 바닥에 죽은 벌레를 보고 옹기종기 모여 있는 아이들이 그것을 보고 디스 거스팅 했습니다. 첫째는 그 단어를 이전에는 들어본 적도 없는데 그 상황을 유추하여 단어의 의미를 알아갑니다.

〈That's Mean〉
너 참 못됐다라는 말로 mean 역시 현지인들이 굉장히 많이 쓰는 단어입니다. 친구들 사이에서 조금만 삐지면 You so Mean이라고 합니다. 이 책 역시 위의 책과 함께 이 말을 피지 학교에서 많이 들은 첫째가 킥킥거리며 골라 온 책입니다.

〈찰리 앤 롤라〉
한창 영상만을 보았는데 반복해서 자주 보는 모습을 보고 책을 구매했습니다. 세이펜이 있는 책으로 골라서, 세이펜으로 아이가 스스로 학습할 수 있도록 도왔습니다. 아이가 둘이라 한 명씩 차례로 봐주기 위해서 세이펜의 도움을 받는 것도 좋습니다.

〈스콜라 스틱 헬로 리더스〉
읽기를 위한 책인 리더스 북을 많이 하지는 않았습니다. 재미가 없었기 때문입니다. 스콜라 스틱 헬로 리더스 북에서 낱권 몇 권을 중고 서점에서 구입해 읽어주었습니다. 〈I Hate My Bow〉와 같은 책은 리더스 북임에도 동물을 좋아하는 아이들이 참 좋아했던 책입니다.

〈까이유〉
남매 이야기를 서로의 입장에서 잘 이해할 수 있는 에피소드로 동생이 귀찮은 첫째에게 공감이 많이 되고 남매의 사소한 싸움이 지혜롭게 설명되어 저 역시 까이유를 통해 배울 수 있었습니다. 쉽지만 교훈이 있는 이야기로 아이들 이북 영상으로도 많이 보고, 까이유 대사 암기 스터디에도 참여하는 등 한동안 까이유만으로 영어를 공부했습니다.

〈Stone Soup〉

한국어 제목은 돌맹이 스프라는 한국어 번역판도 있는 칼데콧 아너 수상작인 이 책을 아이들은 참 좋아했습니다. 어떻게 돌멩이로 수프를 만드냐고 깔깔거리기도 하고 과연 맛이 어떨지 궁금해하기도 하였습니다. 그래서인지 매일 밤 같은 책을 골라오는 단골 책 중 하나였습니다.

# 06

*

# 관심 있는 주제로
# 챕터북을 선택한다

첫째 아이는 그리스·로마 신화 만화책을 굉장히 좋아했습니다. 해외여행을 갈 때도 무거운 책만 한가득 넣은 캐리어를 따로 들고 갔습니다. 그리고 같은 책을 반복적으로 읽고 좋아하는 부분은 읽고 또 읽는 아이였습니다. 시간만 나면 그리스·로마 신화 만화책을 여러 번 반복해서 읽는 것을 보고 글이 많은 책으로 그리스·로마 신화를 읽게끔 유도했습니다. 책 마다 작가가 다르고 작가의 상상력에 따라 내용이 조금씩 다른 재미가 있으니 이런 책은 어떠냐고 물어보고 같이 구매해서 읽어보기도 했습니다. 사전에 이렇게 설득하여 구매를 해도 집에 오면 읽지 않는 책은 베드 타임에 제가 읽어 주었습니다. 좀 읽어보라고 잔소리 같은 설득을 하기보다 엄마가 읽어주면 예상치 못한 재미를 느끼고 어렵지 않게 읽을 수 있다는 생각이 들지 않을까 하는 생각이었습니다. 그러다 보니 어느새 낮에도 여유롭게 간식을 먹으며 혼자 책을 읽고 아이의 모습을 볼 수 있었습니다. 권유를 받은 책이기에 좋아하는 만화책처럼 반복해서 읽지는 않아도 가끔 한 챕터라도 보면 흐뭇한 생각이 들곤 했습니다.

이참에 레벨도 높이고 영어로 된 그리스·로마 신화 책을 읽혀야겠다는 생각이 들었습니다. 주제를 그리스·로마 신화에 두고 관련 영어 원서를 찾기 시작했습니다. 그러다 그리스·로마 신화를 기반으로 한 판타지로 AR 4.1~4.7인 〈Percy Jackson〉이라는 책을 골랐습니다. 네가 좋아하는 그리스·로마 신화를 기반으로 한 이야기라고 말해 주어도 책의 두께를 보며 잠시 망설였지만, 오디오북을 같이 읽어나간다는 것은 새로운 책을 읽어 나가는 데에 큰 힘이 되어주었습니다. 1권은 난이도가 첫째에게 맞을 것 같아서 1권을 끝낸 후에는 넷플릭스에 영화로도 있다고 무심하게 이야기를 툭 던져주면 아이들은 어느 날인가 넷플릭스에서 〈Percy Jackson〉을 찾아보며 영화 속의 이야기와 책이 내용이 어떻게 다르다고 이야기를 하곤 했습니다. 시리즈가 끝나갈 무렵부터는 아이가 오디오북 없이 혼자서 읽었습니다. 언어 노출이라는 것이 즉각적으로 아이가 반응하지 않아 실망감이 들 때도 있지만 한창 호기심이 많은 아이는 엄마가 하는 작은 것 하나하나 혹은 말들을 다 보고 듣고 있습니다. 그런 믿음에서 끈기 있게 아이가 관심이 있는 분야가 무엇인지 살피려 노력했습니다.

영어책이 어려울 때나 흥미가 떨어질 때는 한글로 번역된 책을 먼저 읽도록 하거나 혹은 영화로 만들어져 있는지 찾아보기도 하였습니다. 간혹 유명한 챕터북의 경우 핵심만 간략하게 그림책으로도 나와 있는 경우도 있습니다. 줄리아 로버츠가 나온 영화 〈Wonder〉는 원서뿐만 아니라 한국어 번역판도 유명했습니다. 서점에서 이 책 〈Wonder〉와 그림책인 〈We are all Wonder〉도 보았습니다. 함축적인 그림과 글로 표현해 놓은 그림책이 제게도 굉장히 인상적이었고, 아이들도 한동안 몇 번씩 읽어달라고 골라오는 단골 책이었습니다. 또 〈엘리펀트 앤 피기〉는 읽어주기에도, 아이 스스로 읽기에도 길지 않았습니다. 외국인들의 유튜브에서 찾아보면 참신한 아이디어로 엘리펀트와 피기의 역할극을 하는 영상들이 많이 있습니다. 그런 것들도 찾아보면서 더욱더 흥미를 이끌 수 있었습니다. 그런 방법을 통해서 챕터북에 관심을 갖게 하고 좀 더 쉽게 읽힐 수 있는 방법들을 찾아보는 노력이라면 엄마가 영어 실력이 뛰어나지 않아도 아이를 충분히 이끌 수 있습니다.

한글책이나 영어책, 영화 등 다양한 매체로 아이가 좋아하는 소재를 파악하여 관심을 유도하여 꾸준히 책 읽기를 할 수 있도록 돕는 역할만으로도 엄마의 역할은 충분하리라 생각합니다. 그러니 영어에 자신이 없다고, 배운지가 오래되었다고 걱정 말고 두려움 없이 아이의 영어 공부를 돕는 조력자 역할을 하면 충분합니다.

 영어 콘텐츠 찾기 : 유튜브 검색어, 넷플릭스 영화 검색, 그림책 검색 Read Aloud, 유아기-알파블록스, 리틀팍스 Peekaboo Kids, Super Simple Song, 페파피그 등

＊

# 아이들이북
# '라즈키즈' 활용하기

　오디오를 들으며 집중 듣기를 하는 책 읽기는 엄마와 함께 하는 것이라면 아이들이 스스로 영어책을 활용해야 하는 시기가 옵니다. 저희 아이들은 혼자 시간을 보낼 때 스스로 책을 보는 아이들은 아니었습니다. 첫째는 가끔 밤에 읽어준 책을 낮에 스스로 읽기도 했지만 둘째는 어려서인지, 남자아이라 그런지 스스로 영어책을 읽고 있는 일은 드물었습니다. 하지만 아직 어려서 누나가 하는 모든 것을 따라 하고 싶은 둘째는 엄마와 누나가 함께 공부하는 모습도 부러워해 본인도 하고 싶어 했습니다. 누나가 숙제하는 시간 동안 과제를 주어야 좀 더 안정적이고 공평한 분위기가 조성되었습니다. 그래서 둘째가 시작한 것이 ebook을 읽는 것이었습니다. 태블릿이라는 수단 때문에 좀 더 흥미를 느꼈고 플레이 버튼만 누르면 책을 읽어주는 기능이 있어 수월하게 혼자서 책 읽기를 할 수 있었습니다.

아이들이북은 사이트 워드부터 캐릭터 위주의 재미있는 스토리가 많고, 영상으로 보는 애니메이션도 있어 매우 흥미로웠습니다. 라즈키즈는 사회나 과학 등에 관한 내용이 있기에 좀 더 다양한 주제를 접할 수 있는 책으로 구성되어 있습니다. 또한, 단계에 따라 그림을 그리는 독후 활동이라든가 지문을 읽고 간단한 문제 풀이가 있어서 읽은 내용을 확인할 수 있습니다. 또한, 읽어야 하는 많은 책을 다 구매할 수는 없기에 저렴한 비용으로 때와 장소를 가리지 않고 다독하기에 아주 좋은 방법입니다.

첫째는 자연관찰에 관한 내용을 좋아했기에 라즈키즈를 꾸준히 했습니다. 유치원에 다니던 시기에는 차 안에서 대기하며 기다려야 한다든지 하는 자투리 시간에는 핸드폰을 열어 몇 분 안 되는 라즈키즈 하나 하자, 아이들이북에서 동영상 하나 보느냐며 자투리 시간을 활용하는 수단이 되었습니다. 꾸준히 매일 라즈키즈를 통해서 픽션에 대한 책을 읽어온 첫째는 저보다 곤충이나 우주 등에 관한 단어를 많이 알았습니다. 어느 날은 천

문대 벽보에 있는 영어 안내판을 읽고 있어서 물어보면 천문대에 관한 단어들을 라즈키즈에서 본 적이 있다는 말하기도 했습니다. 본 것뿐만 아니라 읽어주는 책의 장점은 이렇게 아이가 눈뿐만 아니라 소리로도 같이 기억을 할 수 있기에 다양한 감각으로 배우게 됩니다. 아이가 얼핏 보았지만, 눈과 소리로 같이 기억을 하니 더 오래 확실히 기억할 수 있다는 생각이 들었습니다.

가끔 잠이 오지 않는 밤에는 둘이 엎드려 라즈키즈에서 이야기 하나 듣고 자자 하면 더 하고 싶다고 할 정도였습니다. 아이가 커가면서 내용이 다소 지루할 수 있지만 어려서부터 하루에 한두 개씩 꾸준히 하는 습관을 가지니 자연에 관한 생소한 단어들을 습득하는 데 큰 도움이 되었습니다. 라즈키즈의 높은 레벨에서 아이는 사회 과학 관련 단어들을 많이 접하게 되어 좀 더 자연스럽게 접할 수 있습니다. 또 카페에서 스터디하려고 사서 읽었던 조지 워싱턴 등 인문 인물에 관한 책도 있어 좀 더 다양한 분야의 책을 접할 수 있습니다.

둘째는 처음에 애플리스사의 아이들이북으로 시작하였습니다. 아무래도 첫째보다 더 어려서부터 시작하다 보니 캐릭터들이 나오는 재미있는 스토리로 흥미를 끌어야 했습니다. 짧은 책으로 집중 듣기를 하던 시기에도 시각적으로 글자가 눈에 들어오지 않기에 아주 부담이 없는 사이트 워드부터 한 달에 걸쳐 한 번 보고 시작했습니다.

유치원 시기에 재미있는 스토리 위주의 아이들이북으로 책과 영상을 시청하다 책을 읽는 연습을 시작하는 시기부터는 라즈키즈로 바꾸어 매일 한두 개 정도의 책을 라즈키즈를 통해서 읽고 있습니다. 책의 레벨을 정해주면 그 안에서 아이가 원하는 책을 읽거나 동영상을 시청하게 했습니다. 진도표를 프린트 할 수 있어서 스티커를 붙이는 재미 또한 쏠쏠합니다.

# 08
*
# 한글책과 같은
# 타임 레벨로 공부한다

AR이라는 기준이 있어 책의 레벨을 알고자 할 때 참고를 할 수 있습니다. 아이의 언어 실력이 얼마나 되는지 일부러 테스트를 통하지 않아도, 책의 AR이나 텍스트양을 통해서 향상되어 가고 있다는 것을 판단하는 기준이 되었습니다. 하지만 아이마다 속도가 다르기 때문에 우리 아이가 읽을 기준이나 읽어야 할 목표를 정하기 위해서는 우리만의 기준도 필요했습니다.

8세 5월부터 영어책을 읽기 시작한 첫째는 한글책의 텍스트양도 그리 많은 편은 아니었습니다. 그때 아이 반 친구 중에는 벌써 300~400페이지가 넘어가는 두꺼운 해리포터 한국어판을 스스로 재미있게 읽는 것을 보고 깜짝 놀란 기억이 있습니다. 그렇지만 피지에 다녀온 것을 계기로 아이들 나이의 원어민 아이들을 기준으로 텍스트양을 설정하고 글을 읽는 것을 목표로 하자고 생각했습니다. 한 줄짜리 한글책을 읽으면 영어책도 한 줄짜리, 두 줄짜리 한글책을 읽으면 영어책도 두 줄짜리를 읽도록 생각했습니다. 한국어 글을 읽는 것을 기준에 두고 그 속도에 영어책을 맞추어 가자라는 목표로 아이가 한글책을 얼마나 읽고 있는지 유심히 관찰했습니다. 첫째가 한글책의 텍스트양이 높은 편이 아니었기에 이제 막 스스로 영어책을 읽기 시작한 글 양의 수준을 비슷하게 가는 것이 큰 무리가 없을 거라는 생각이 들었습니다.

아이가 AR이 3.1~ 6.1 정도일 때 재미있어할 만한 책이 뭐가 있을까 늘 고민이었습니다. 어느 정도 아이가 읽어낼 힘이 길러져 다음 책을 고르고 있다는 사실만으로도 참 행복하고 감사했습니다. 유명한 책이고 누구나 재미있게 읽었다 하더라도 우리 아이에게도 재미가 있겠냐는 의문은 책을 사기 전에 늘 했습니다. 유명하다고 해서 선뜻 샀던 몇 권의 책 시리즈를 아이가 좋아하지 않는 일을 경험하고 난 후부터는 더 신중해졌고 아이의 취향을 한 번 더 생각하게 되었습니다.

고심 끝에 고른 책인 〈로얄드 달〉 시리즈를 읽고 있을 무렵입니다. 책의 시리즈 중에서 아이의 선택에 따라 어떤 책은 스스로 읽고 어떤 책은 집중 듣기를 했습니다. 이전까지는 '하자, 하자, 해야 해'라며 겨우겨우 책상에 앉히느라 시작하기도 전에 잔소리나 달래는 말로 겨우 시작하는 일이 허다했습니다. 그래도 CD 플레이어가 돌아가고 나면 잔소리가 무색해질 만큼 또 금방 스토리와 소리에 집중하는 모습을 보여주었습니다.

"엄마 다음 장이 너무 궁금한데 한 챕터만 더 해도 돼?"
"으…응…??"

여느 때와 마찬가지로 집중 듣기를 하던 어느 날 이렇게 말하길래 너무 깜짝 놀라 순간 아무 대답도 하지 못하다 얼른 놀라지 않았다는 듯이 대답했던 기억이 있습니다. 너무 기뻐서 입술을 꽉 깨물고 속으로 환호성을 치던 그 순간을 잊을 수가 없습니다. 아이와 집에서 책 읽기로 영어 공부를 2018년 5월에 시작해서 1년 9개월 만의 일입니다. 이 기간 동안 책을 읽고 〈로얄드 달〉을 즐긴다고 하면 사실 굉장히 빠른 아이는 아니지만, 그동안 꾸준히 해 온 것을 발판으로 삼아 그 후로 책의 난이도에 가속도가 붙는다는 것을 느꼈습니다. 이 책이 조금 어려울 것 같은데 하는 의구심을 가지고 진행하였고, 처음에는 오디오가 빠르다고 말하기도 하지만 몇 챕터를 하고 나니 곧잘 적응하는 모습을 보여주었습니다. 정말 이제는 어떤 재미있는 책을 아이에게 들이 밀어주나 어떤 스토리에 빠지게 해볼까 봐 라며 혼자 흐뭇해하며 이젠 책 고민만 하면 되겠다고 그제야 한숨을 휴하고 돌렸습니다. 그동안 아이를 책상에 매일 앉히려고 달래고 달랬던 날들과 결과를 알 수 없는 이 길에 대한 보상을 받은 것 같은 희열이 느껴졌습니다.

〈로얄드 달〉 몇 권을 읽고 방학이 되어 읽지 못한 책을 가지고 피지로 갔습니다. 피지 학교에서 담임선생님이 책을 읽어주는 시간이 있었는데, 마침 선생님께서는 〈로얄드 달〉을 읽어주었나 봅니다. 방과 후에 아이가 저를 보자마자 반가운 얼굴로 '엄마 오늘 선생님이 〈로얄드 달〉 시리즈 중 한 권인 〈Magic finger〉를 읽어주셨어!'라며 아이가 지금 읽고 있는 책을 읽어주어 너무 좋다며 흥분한 목소리로 이야기하였습니다.

우리가 한국에 있던 학기 동안 집에서 꾸준히 해서 한 단계 한 단계 올려서 〈로얄드 달〉을 읽을 수 있는 레벨에 도달한 그 시점이 첫째와 나이가 같은 현지 아이들의 읽기 레벨이 같은 시점이었다는 사실에 저 역시 너무나 기뻤습니다. 이런 순간들을 만날 때면 두려움을 안고 첫발을 내딛기가 망설여졌을 때의 또렷한 기억들이 문득문득 스쳐 지나가곤 했습니다. 이렇게 꾸준히 책을 읽어나가며 영어를 듣는 시간을 넷플릭스로 채우며 보냈던 기간이 방학 때마다 현지 학교에 가도 언어적인 어려움에 부딪히지 않고 자연스럽게 학기를 이어갈 수 있는 큰 원동력이 아니었나 생각합니다. 아이가 현지 학교에 적응하는데 더욱더 도움이 되어 아이는 재미있는 학교생활을 하고 피지에서의 학교생활을 좋은 기억으로 남아있습니다.

　현지 선생님은 피지의 국립 학교에 10년 이상 근무하다 최근에 사립학교로 옮겨 근무하고 계시는 베테랑 선생님이었습니다. 한 학기가 끝날 무렵 부모님의 인터뷰가 있을 때 선생님께 피지에는 국립학교와 사립학교가 어떻게 다른지 여쭈었을 때 선생님께서는 국립학교는 쓰기 위주로 국어(영어)를 가르치고 호주나 뉴질랜드 커리큘럼이 들어온 사립학교에서는 읽기 위주로 수업을 하는 것이 가장 큰 차이점이라고 한 치의 망설임 없이 답해 주었습니다. 우리나라뿐 아니라 이 작은 섬나라에서도 읽기를 이토록 중요하게 생각하고 있구나 싶었습니다.

# 09

# 영어책
# 천 권 읽기

'아니 sleep이라는 단어는 왜 매일 까먹는 거지? 'ee-'는 'i' 소리가 난다고 학원을 두 달 다니는 동안 그렇게 파닉스 노래를 불러댔는데 엄마만 기억하는 거니'

읽고 또 읽어도 아이가 잘 기억하지 못하는 sleep이란 단어 때문에, 아이를 학교에 보낸 후 Sleep이 들어간 책을 찾으러 서점으로 향했습니다. 그걸 모르는 아이가 아니라, 미간을 잔뜩 찌푸리고 책을 고르는 제가 그렇게 미울 수가 없었습니다. 길게 보면 다 알게 될 것인데 일희일비하지 말자고 다시 자신을 다독였습니다. 한편으론 이렇게 계속 하다가는 어린 딸아이와 인연을 끊게 되는 것은 아닌지, 영어라면 질색을 하는 아이가 되는 건 아닌지 걱정도 되었습니다. 그렇다고 아이와의 관계 역시 더 좋아질지 더 나빠질지 또한 알 수 없는데 불확실하고 소소한 제 감정 때문에 이제 막 잡은 아이의 손을 놓을 수도 없는 일이란 생각이 강하게 밀려왔습니다.

마침 아파트 단지에 영어책을 읽는 공부방이 있다는 것을 알게 되었습니다. 상담을 하러 갔더니 공부 방법은 제가 집에서 아이와 오디오북을 통해서 책을 읽는 방법과 같았습니다. 요즘에는 유행처럼 많이 생긴 책 읽기 학원이었지만 당시 저는 그런 학원에 대한 정보가 없던 때여서 반갑게 느껴졌습니다. 잠시 아이와의 관계를 위해서 같은 방법으로 외부의 선생님과 학원처럼 느껴지지 않는 공부방에서 책 읽기를 이어나갔습니다.

공부방에는 리딩 레벨별로 책꽂이의 책이 나누어져 있고 각자의 리딩 레벨에 맞는 책을 골라 오디오북으로 책을 읽고 선생님이 체크를 해주는 방식이었습니다. 오늘 읽은 책의 제목을 노트에 적어 번호를 매기고 집에서도 매일 책 읽기 숙제가 주어졌습니다.

번호를 적으며 읽은 책의 제목을 쓰는 것을 보고, 책 읽기에 바빠서 쓰기는 전혀 손을 대고 있지 않은 아이에게 짧은 제목을 써보는 것은 영어 쓰기를 시작할 수 있는 좋은 방법이라는 생각이 들었습니다. 또한 이 공부방을 보내는 나름대로의 목표를 영어책 천 권 읽기로 정하고, 이참에 짧고 굵게 천 권 읽기 즉 다독해보자는 생각이 들었습니다. 천 권 읽기를 목표로 한 것은 엄마와 좀 떨어져 책을 읽으며 그동안 엄마와의 관계에 좀 스트레스가 쌓였을지 모르는 아이에게도 새로운 선생님과 새로운 공간에서 같은 공부 방법으로 꾸준히 책을 읽기 바랐습니다.

엄마 역시 계속 아이만 바라보며 영어책 읽기 한 가지에만 몰두를 하다 보면 나도 모르게 신경이 예민해질 수 있기에 반드시 집에서만 엄마표 영어를 해야 한다고 고집하지는 않았습니다. 천 권을 읽는다는 것은 다독을 한다는 의미로 무엇보다 꾸준한 읽기 습관을 들일 수 있고, 책 읽는 재미를 느끼고 많은 문장을 통해 문장 구성을 이해할 수 있다고 생각했습니다. 공부방에서 주로 하는 리더스북을 통해서 이전에 엄마와 공부했던 기본적인 단어들을 한 번 더 정리할 수 있었습니다. 또한 외부의 선생님의 칭찬을 통해 아이가 자신감도 얻을 수 있었습니다. 아이에게 목표를 공유하자 아이도 목표 의식이 생겼는지 집에서도 공부방에서 빌려 온 〈리더스북〉을 두세 번씩 반복해서 읽기도 하였습니다. 덕분에 숙제해라! 숙제 했냐!는 피곤한 확인 절차를 없애고, 같은 목표를 리마인드 시켜주는 정도로만 이야기하며 자연스럽게 넘어갈 수 있었습니다. 그렇게 서너 달 만에 아이는 간단한 문장의 리더스북 천 권을 읽고 공부방을 그만 두었습니다.

천 권 읽기라는 목표를 이루어서이기도 했고, 그 수준이 안 되면 아이가 궁금하고 보고 싶은 다른 레벨의 섹션 책은 고를 수 없다는 점, 공부방 역시 어느 정도 AR 3~4 정도가 되면 졸업 시키는 것을 목표로 하고 있기 때문입니다.

# 10
\*
# '영-영'으로
# 단어 공부하기

　　책을 읽어 가면서 아이가 묻지 않는 단어나 문장은 따로 꼼꼼히 학습하고 넘어가지 않았습니다. 아이는 넷플릭스를 영어로 보면서도 가끔 모르는 단어를 묻기도 했습니다. 상황에 유추하여 학습되는 단어도 있지만, 그렇지 않고 대략의 문맥상 의미를 추측하고 지나가는 단어들도 많이 있습니다. 그래서 단어는 따로 해주고 넘어가야겠다고 생각했습니다. 하지만 대신에 영어 사전이든 교재든 그림으로 뜻이 있는 영-영 교재를 염두해 두고 있었습니다.

아이들이 물어보는 단어는 제가 알고 있는 한 다 쏟아내어 알려주었습니다. 아이가 물어보는 단어는 매우 궁금하거나 관심이 있는 단어라고 생각했기에 그 의미와 단어에 관련된 것을 한번 들어보는 것만으로도 기억하는데 훨씬 수월할 것이라고 생각했습니다.

우선 아이가 궁금했던 단어는 동의어, 반대어, 유의어도 말해 주었습니다. 어느날, 학교에서 배우고 집에 온 아이가 '안락한 게 뭐야'라고 한국어의 뜻을 물어보더라고요. 한글이 한자어이기에 다소 어려운 말은 뜻풀이를 해주어야 했는데, 이런 단어들은 영어로도 같이 알려주었습니다. 그리고 영어로도 동의어, 반대어, 유의어 등 단어와 관련된 것을 모두 말해주었습니다. '언/컨포터블', '코지' 등인데 한글은 한자어의 의미를 포함하고 있고, 영어는 '컨포터블', '코지' 등 단어 자체를 다이렉트로 편안한 의미로 받아들이니 오히려 영어가 더 받아들이기 쉬운 단어들이 있었습니다.

두 번째는 어근 어미의 의미와 단어를 분리하여 알려주려고 노력했습니다. 또한 어근과 어미의 의미를 알려주려고 노력했습니다. '-un'의 경우 엄지손가락을 아래로 가리키며 네거티브한 의미가 있다고 알려주었습니다. 또 '언/컨포터블' 이렇게 두 개의 부분으로 이루어져 있고 다른 뜻의 단어들이 만나 다른 의미의 단어를 만든다고 설명해 주었습니다. 이후에 아이는 모르는 단어를 보면 잠깐 어미가 나누어지는 글자가 아닌지 생각하고, 혹시라도 맞게 유추를 하여 맞으면 환호하며 좋아했습니다.

이것은 책을 읽을 때도 음절을 나누지 않았을 때 길고 어려워 보이는 단어를 나누어 읽을 수 있다고 알려주면, 이미 알고 있는 단어에서 확장해 나갈 수가 있다고 생각했습니다. 사실 이런 단어 공부는 제가 중·고등학교 때도 하고 이후 대학교 때 집중적으로 했던 기억이 있는데 어린아이에게 이렇게까지 설명해야 하는지에 대한 망설임도 있었습니다. 하지만 저 또한 단어들이 분리되고 합쳐지는 모양을 알게 되니 단어를 암기하는데 훨씬 수월했던 기억이 있고, 아이도 긴 단어를 만났을 때 어렵다고 생각하지 않고, 한 번 더 유심히 단어를 관찰하는 모습을 보았기에 제가 따로 공부하지는 않고, 알고 있는 것이면 여담처럼 가볍게 이야기해 주었습니다.

세 번째는 책을 통해서 따로 읽고 말해보고 넘어가기입니다. 영영 사전을 통으로 읽으면 좋겠지만 참 지루합니다. 옆에서 도와주는 저마저 두껍고 작은 글씨들이 빼곡히 있는 사전은 흥미가 떨어지기 때문에 고민하다 재미가 없다는 이유로 사전 읽기는 진행하지 않았습니다. 앞서 말씀드린 스터디카페에서 진행하는 스터디나 교재를 더욱더 재미있어 보이는 책이나 관심이 가는 교재는 미리 체크해 두고 아이가 그 정도 레벨이 되면 참고하여 선택하였습니다.

뉴베리 책 읽기와 영화 섀도잉 스터디를 한창 하던 〈애플리스 영어교육카페)에서 진행하는 단어 책 스터디를 본 적이 있는데 아이들이 한 챕터 한 챕터마다 정성 들여 카페에서 만든 워크북을 소화하는 모습이 인상적이었습니다. 그때 알게 된 〈Essential English Words 4000〉 시리즈를 저도 선택해서 집에서 진행을 하게 되었습니다. 아이들이 단어 책을 암기하고 단어가 그림으로 간단명료하게 보여주고 영-영으로 풀이되어 있었습니다. CD를 따로 켜지 않아도 페이지마다 QR코드가 있어서 편리하며, 어느 정도 적응을 하고 나면 아이가 혼자서도 할 수 있습니다. 결국에는 옆에서 엄마가 봐주지 않아도 동일한 학습 방법으로 아이 스스로 해낼 수 있어야하므로 이러한 기능들은 소중합니다. 한 번에 이 단어들을 다 습득하기 위하여 노트에 여러 번 쓴다든지 하는 암기 활동은 하지 않은 이유는 단지 아이가 이런 방법을 좋아하지 않았기 때문입니다. 아이 역시 억지로 애써서 해나가는 과정은 금방 지쳐버리므로 최대한 아이가 좋아하는 방법으로 하다 보니 같은 교재, 같은 스터디를 하더라도 우리만의 방법이 생겼습니다. 그래서 소리 내 읽어보는 활동 위주로 진행하였습니다. 가끔은 그마저도 싫다고 하는 날들이 있지만 그럴 때는 아이가 집중을 하고 있는 한, 원하는 대로 하는 것을 우선으로 합니다. 장기간 해야 해서 그렇습니다.

피지에서 학교에 다닐 때 첫째가 '엄마, 4000단어에서 본 말을 선생님이 하셨어!'라는 말도 해주었습니다. 이 책의 단어 수준이 중학교 이상이라고 알고 있는데, 초등학교 수업 내에서도 쓰는 단어들이라는 생각이 들었습니다.

둘째 역시 첫 단계의 챕터북 〈매직트리하우스〉를 어느 정도 읽을 수 있을 때 〈Essential English Words 1000〉 시리즈의 2권부터 시작했습니다. 마찬가지로 읽고 넘어가는 정도로 진행하였지만 저학년일수록 엄마 말에 좀 더 수용적이기 때문에 소리 내어 읽어보는 활동도 추가하여 진행하되 단어가 어려워도, 모르는 것이 많아도, 한 챕터씩 할 수 있도록 이어나갔습니다. 아이가 어려워하는 단어도 있고 단어를 확인하는 문제풀이는 다소 어려워하기도 하였습니다.

문제 풀이에는 앞서 나온 단어보다 더욱더 다양한 표현들로 질문을 하므로 아이가 아직 다 읽지 못하기에 어렵다고 느꼈던 것입니다. 그럴 때는 제가 읽어주고 아이가 문제를 스스로 풀어가며 난이도 조절을 할 수 있었습니다. 나어려서인지 몰라도 첫째보다 훨씬 문장을 읽고 푸는 문제는 약하다는 생각이 많이 들었지만 그렇게 또 어려운 문제들도 풀면서 해나가다 보면 어느샌가 그 작은 힘들이 켜켜이 쌓이고 쌓일 거라 믿기에 모르면 모르는 대로 알면 아는 대로 진행하였습니다.

# 영어는 공부가
# 아니라 언어다

하루하루 작은 성취감을 쌓아 올린
경험으로 본인의 꿈을 스스로 만들
어갈 수 있다고 생각합니다.

# 01

*

# 책 한 줄이라도
# 영어로 말하라

책에서 사용되는 어휘는 말하는 언어와 다릅니다. 그래서 회화를 하는데 책 읽기는 도움이 되지 않는다는 의견도 있습니다. 하지만 책을 통해 어휘력을 확대하고 책의 문장과 내용을 이해하는 데는, 인지적 유연성과 추론 능력이 필요하다고 합니다. 이 능력은 후에 아이가 스스로 말을 할 때 풍부한 표현을 하고 다른 사람의 말과 글을 더 잘 이해할 수 있도록 도와줍니다. 우리가 책에서 읽은 내용을 자기만의 언어로 재해석하여 이야기하는 것과 같은 원리입니다.

보통 영어로 말하기를 위해서 쌍방의 대화인 전화나 화상 영어를 먼저 생각합니다. 주변에서도 첫째 말하기 연습을 위해서 어떤 전화 영어를 했는지 물어보는 분이 있습니다. 어떤 방법이 아니라 어떤 전화 영어를 했냐는 질문이었습니다. 제가 중학교 때 전화 영어가 유행했습니다. 그것을 시작으로 대학교나 직장인들도 전화 영어를 많이 했습니다. 효과를 보는 사람도 있었겠지만 짧은 시간에 학원 수업과 마찬가지로 교재에는 A와 B의 정해진 대화가 있어 유연한 대화로 이어지기 어려운 점이 있었습니다.

회화를 연습하면서 반드시 쌍방의 대화가 우선이 되어야 한다고 생각하지 않습니다. 중요한 것은 아이가 알고 있는 단어와 문장을 스스로 조합하고 활용하여 많이 말해보는 경험이 우선이어야 한다고 생각합니다. 그것은 혼자 책을 읽거나 영화에서 본 내용을 말해보는 연습으로부터 출발할 수 있다고 생각했습니다. 영화 대사를 따라 말해 볼 수도 있고 혹은 본인이 하고 싶은 말을 영어로 말해 볼 수도 있습니다.

처음에는 아이가 쑥스러워 하기도 하고, 음…, 하는 시간이 길어지기도 합니다. 그러나 길어지는 시간 동안 아이의 머릿속에는 자기가 아는 많은 단어를 조합해 문장을 만들고 있지 않을까 생각했습니다. 그래서 괜찮다고 아무 말이나 해도 된다고 응원하며 기다렸습니다. 기다려 주는 시간도 중요하지만 기본적으로 아이가 많은 문장을 자주 보고 익히는 연습이 뒷받침 되는 것이 중요합니다. 아이가 더 편하게 기억하고 문장을 활용할 수 있습니다. 실제로 아이는 모국어가 그러했듯이 영상에서 상황에 따라 흘러나오는 문장을 그대로 말했습니다. 아무래도 여자 아이 보다 좀 더 언어적 감각이 예민하지 않은 남자 아이의 의존도는 더욱더 크다고 생각합니다. 아이가 누군가와 함께 이야기를 주고받거나 하지 않더라도 아이가 말하기 연습을 하는데에 부족하지 않다고 생각합니다.

챕터북 소리 내어 읽기

소리 내어 읽기를 좋아하는 아이도 있고 그렇지 않은 아이도 있습니다. 첫째는 처음에는 소리 내어 읽기를 했지만, 아이가 어느 정도 글을 읽을 수 있게 된 후부터는 묵독으로 스스로 읽고 싶어 하는 순간이 왔습니다. 그 시기 아이가 집중해서 책을 읽고 있다면 소리내 읽도록 강요하지는 않았습니다. 둘째의 경우, 누나가 소리내어 말하는 것을 자주 본 탓도 있고 어려서부터 소리내어 읽어야 한다고 들어서인지 잘 따라오는 편이었습니다. 그래서 초기 챕터북을 읽고 있는 저학년인 둘째는 단한 챕터라도 무조건 소리내어 읽도록 했습니다. 소리 내어 읽어봄으로써 한 단어 한 단어에 눈이 잠시라도 머물기를 바라고, 영어 입근육이 발달하기를 바랐기 때문입니다.

둘째는 성급한 마음에 of를 to로 읽는 등의 가벼운 실수를 많이 했습니다. 그래서 좀 차분하게 단어를 보고 읽을 수 있게 스스로 천천히 읽어보는 연습을 중요하게 생각했습니다. 나중에는 오디오의 도움 없이 읽어내야 하므로 단어의 모양을 집중해서 보는 연습도 필요하다고 생각했습니다. 음소의 정확성을 체크하기 위함보다는 소리 내어 읽다 만나는 모르는 단어들을 체크하고 익혀가기 위해서도 필요한 부분이었습니다. 잘 모르거나 머뭇거리는 단어는 겨우 읽어보고 틀리면 네이버 파파고를 이용해 정확한 발음을 들려주었습니다. 결국 음소를 인식하고 결합할 수 있도록 도와주고 정확한 음소를 알면 정확한 듣기로 연결이 되기 때문입니다.

문장을 따라 읽다 보면 호흡이 긴 문장은 아이가 힘들어할 때가 있습니다. 그럴 때면 예전에 우리가 찍찍이를 사용해서 공부를 하던 것처럼 오디오에서 정지(PAUSE) 기능을 사용하거나 엄마가 직접 한 문장이나 한 구절씩, 잘라 듣고 멈추고 따라하기 순서로 읽기를 연습하면 아이가 전체 문장을 혼자 읽어야 하는 부담감이 덜어져 자신감을 느끼게 되었습니다.

읽고 내용 말해보기

첫째는 오디오북을 통해 집중 듣기를 하면서 듣기와 읽기를 꾸준히 하고 있었지만 '말은 언제 하지'라는 조급한 마음이 들었고, 그것은 고민으로 이어졌습니다. 기존에 해왔던 방법이 틀린 것인지, 아니면 듣기와 읽기가 집에서 하는 영어의 한계인 것인지에 대해서 의구심이 들기도 했습니다. 별도로 전화 영어나 화상 영어를 해야 하는지에 대해서도 생각해 보았지만, 학원과 마찬가지로 시간과 비용에 비하여 폭넓은 문장을 만나지 못한다는 생각의 원점에 다다랐습니다. 이러한 고민을 하는 동안에도 아이의 책 읽기는 멈추지 않고 꾸준히 이어갔습니다. 고민은 어디까지나 엄마의 몫이었습니다.

쌍방의 대화도 중요하지만, 그동안 읽은 단어와 문장들을 아이가 조합하여 사용해 보는 것이 중요합니다. 그 후에 회화를 배울 수 있습니다. 아이가 스스로 말해 본 경험 없이, 이런 상황 저런 상황에 단어를 사용해 보지 않고 회화만 따로 하는 것은 다른 과목을 또 처음부터 공부하는 것과 같습니다. 아이가 스스로 말할 수 있는 연습을 통해 자신감을 가지는 경험을 많이 해보는 것이 중요합니다. 기회를 충분히 가지면서 책을 읽다 보면 말의 흐름으로는 조사 등을 자유자재로 사용할 수 있습니다.

첫째는 지속해서 소리 내 책을 읽고 스스로 책을 읽는 등 잘 따라와 주었습니다. 학교에서 선생님께서 책을 읽어 주는 것처럼 책을 들고 책을 읽어주고 책 내용에 대해 말해주는 모습을 흉내 내는 것을 즐겼습니다. 하지만 둘째는 어렸을 때부터 책을 많이 읽어주었지만, 스스로 책을 읽는 것은 어렵다고 느끼는 체감이 크고 글씨가 많다고 투정을 부릴 때가 더 많았습니다. 또한, 하고 싶은 날과 하기 싫은 날이 분명했습니다.

첫째와 달리 둘째는 준비가 되지 않으면 말을 하지 않는 것 같았습니다. 이 정도 들었으면 말을 해야 하지 않나 라는 생각이 들었었던 때가 몇 번 있었는데 머릿속에서 문장이 완성이 되고 자신감이 좀 생겨야 말을 내뱉는 것 같다는 생각이 들었습니다.

아이가 짬짬이 보는 마인크래프트 게임 유튜브를 통해서 그동안 익히 들었던 문장 등을 조금 말을 할 수 있다는 것을 파악한 후부터는 좀 더 적극적으로 한 챕터를 읽고 난 후 그 내용에 대해 말해 보는 것을 시도했습니다. 아이의 부담감을 줄이기 위해서 오픈 북처럼 책이나 그림을 보며 이야기를 할 수 있도록 유도하였습니다. 이것은 쓰기로 확장을 할 수 있습니다. 아이가 이야기한 것을 받아 쓰거나, 아이가 스스로 쓸 수 있다면 그것이 쓰기로 확장이 될 수 있는 기초가 됩니다.

간혹 AR 레벨은 뉴베리도 거뜬히 읽을만큼 높지만, 딱 영어책을 읽기만 하고 말하기나 쓰기 영역은 전혀 하지 않은 고학년 엄마들의 고민을 듣습니다. 두꺼운 영어책은 스스로 읽어내는 데 문제가 없고 매일 읽기를 하고 있지만, 쓰기나 말하기는 하지 못한다는 이야기를요. 쓰기와 말하기를 별도의 다른 과목으로 접근하지 말고, 읽기를 완성해 가면서 조금씩 필사를 통한 쓰기, 책 내용에 대해서 말하는 연습을 병행한다면 이런 고민에서 자유로워지리라 생각합니다.

# 02

*

# 책과 콘텐츠로
# 함께 공부하기

아이와 공부하면서 과정, 결과에 대한 불확실함과 불신에 대한 마음을 저 아래에 깔고 진행을 했기에 기록을 많이 남기지 못했는데 간혹 답답했던 마음이나 아이가 예상 외로 보여준 아웃풋에 아주 가끔 남겨놓은 메모가 있습니다.

"매직트리하우스 반을 읽고 이해 속도가 빨라져 책 레벨을 〈Wonder〉로 올려보았다. 대신 영화를 먼저 보여주어 이해하기 쉽게 했더니, 오디오를 들으며 잘 따라와 주고 있다. 챕터북도 다른 다년북도 내용의 이해보다는 긴 호흡을 집중하여 연결하는 것이 가장 힘든 것 같다. 어른인 나도 앞서 읽은 내용을 잊어버리기 일쑤인데 이 호흡을 집중해서 유지하기란 적응 기간도 집중력도 필요한 것 같다. 며칠 동안은 집중이 끊길 때가 보이더니 오늘은 친구 집에서 늦게까지 놀다 왔음에도 스스로 15장 정도를 집중하는 모습이 대견하다. 그냥 하면 적응하는구나. 그런데 스피킹과 라이팅은 어쩌지. 둘째는 또 어쩌지." (7. 13 일기)

언젠가 피지로 가는 공항에서 문득 친구가 아이들에게 읽어 주라며 추천해 준 책이 생각나서 서점으로 급하게 발길을 옮긴 적이 있습니다. AR 4.8인 〈Wonder〉라는 책이 한국어 번역판으로도 반응이 좋다는 말에 피지에서 아이들 베드 타임 스토리로 읽어줘야겠다고 생각했습니다. 한국어 번역판을 사려고 들어간 공항 서점에서는 영어 원서만 판매한다고 했습니다. 아이의 레벨보다 조금 높은 것 같아 어려워하면 어쩌지 하는 고민에 한참을 망설이다 '뭐, 한번 해보자'라는 생각으로 샀습니다.

보통 CD가 있는 책만을 사는데 공항에서 급하게 구입한 책에는 오디오 CD가 없었습니다. 하지만 유튜브에 〈Wonder Read Aloud〉로 검색하여 책을 읽어주는 채널을 쉽게 찾을 수 있었습니다. 책의 분량도 320페이지로 기존에 읽고 있는 책보다 많은 편이고 원어민이 읽어주는 속도도 빨랐습니다. 그래서 작은 챕터별로 나누어 인덱스 포스트잇을 하나하나 다 붙였습니다. 하루에 학습할 양을 아주 작은 단위로 쪼개어 놓고 표시하여, 아이에게 오늘의 진도를 미리 시각적으로 알려주었습니다. 그렇지 않으면 아이는 전체 책의 두꺼운 두께만을 보며 오늘은 어디까지 해야 해 혹은 너무 많아 등의 부담감으로 책에 집중하지 못하는 일이 생기는 것을 미리 막기 위해서입니다. 인덱스를 미리 붙여놓으니 오늘 해야 할 분량이 눈에 들어와 양에 대한 부담감이나 궁금증도 줄어드는 듯했습니다. 다른 것은 신경쓰지 않고 이전보다 빨라진 오디오 소리를 들으며 손가락으로 글씨를 따라 가는 것에만 신경 쓸 수 있었습니다. 또한 유튜브에서 듣는 오디오는 챕터 별로 음성 파일이 나누어져 있지 않기 때문에 한 챕터가 끝날 때마다 책 모서리에 몇 분 몇 초에서 끝이 나는 지를 꼭 메모해 두었습니다.

오디오를 듣는 일도, 유튜브에서 영상 시간을 체크하는 일도 어린아이에게는 오디오를 듣는 것만큼이나 큰 집중력과 책임감을 요하는 일이었습니다. 처음 며칠은 아이가 집중하고 소리를 따라가는 데 힘든 모습을 보여주었고, 그럴 때마다 '이 책이 아이에게 너무 어려운가' 하는 고민이 생겼습니다. 저의 그 마음도 혼자만의 생각이라 꾹꾹 눌러 담아 놓고 좀 더 지켜보자라며 강하게 마음을 먹었습니다. 그렇게 며칠이 지나지 않아 아이는 어느샌가 빠른 속도에 적응하고 이전보다 훨씬 더 집중하는 모습을 보였습니다. 250~300페이지 정도의 책 두께에 적응을 하고 나니, 책 두께나 글씨가 많아서 혹은 오디오북의 속도 빠르기에 대해서는 아이도 저도 고민을 하지 않게 되었습니다.

보통 일반적인 두께의 책을 읽어낼 수 있기에 이대로(이 정도 두께의 책으로) 꾸준히 하면 되겠다고 생각했고, 이렇게 발전해 가는구나!는 것을 체감할 수 있었습니다.

〈Wonder〉 책을 읽기 시작하면서 넷플릭스에서 관련 영화도 함께 시청했습니다. 처음에 난이도가 있는 책을 접할 때 한국어 번역판 책이나 영화를 통해서 전체적인 줄거리를 파악하고 책을 읽으면 훨씬 부담도 적고 모르는 단어가 나오더라도 개의치 않고 잘 넘어갈 수가 있기에 책이 쉬운 내용이더라도 영화로 나와 있는 것은 꼭 챙겨서 보게끔 했습니다. 아이들은 영화 〈Wonder〉가 너무 재미있다고 책을 다 읽기 전부터 몇 번을 보기도 했습니다.

한국어 번역판 책이나 영화나 그림책 등이 아이의 조력자가 될 수 있었습니다. 한단계 한단계 레벨이 올라갈수록 부담을 덜어주는 역할을 하고 이런 두껍고 글씨만 빼곡한 책을 나도 읽어낼 수 있다는 자신감을 느끼는 것을 느낄 수 있었습니다. 한 권 한 권의 경험들이 쌓이고 쌓여 아이는 스스로 원서를 읽을 힘이 생깁니다. 이렇게 난이도를 조금씩 올려 주어 반드시 챕터북의 높은 산을 넘어 아이의 리딩 레벨올 올리고 읽기 독립으로 이끌 수 있다는 믿음이 점차 생겼습니다.

〈Wonder〉 영화, 그림책 〈We are all Wonders〉, 챕터북
〈퍼시잭스〉 영화, 챕터북
〈찰리와 초콜렛 공장〉 영화, 챕터북 〈로알드달〉 시리즈 중 하나
〈신기한 스쿨버스〉 챕터북(한글, 영어), 넷플릭스
〈찰리앤롤라〉

03

*

# 문장을 통째로
# 암기하라

아이들을 키우다 보면 갑자기 책에서 본 문장이나 애니메이션에서 본 장면을 똑같이 따라 말하며 상황극을 하거나, 엄마가 화내는 모습 등을 똑같이 따라 하는 모습을 종종 보게 됩니다. 그만큼 머릿속에 각인되고 맴돌아 입으로 튀어나오는 것입니다. 그것이 일종의 말하기 연습입니다. 그러다 보면 그 상황이 되었을 때 아이가 자연스레 그 말을 사용하는 것을 많이 보았습니다.

낭독을 하는 것도 연습이 필요하며 이것 역시 아이마다 기호가 다릅니다. 첫째는 문장 암기하는 것을 좋아하지 않는 편이었습니다. 짧은 신문 기사를 암기하여 낭독하는 활동을 소화하지 못해 아이와 협의하여 어떤 주에는 하고, 어떤 주에는 하지 않았습니다. 해도 좋고 안 한다고 해서 아이의 영어실력 향상에 큰 영향을 주진 않겠지만, 하다 안 하다 하는 활동이 아이를 이끌어가는 저의 마음가짐이 느슨해지는 것 같아 더 진행을 하지 않았습니다.

신문 읽고 낭독하기라는 과정에 대해 아쉬움이 저에게 남았는 지 둘째 때 다시 도전했습니다. 다만, 혼자 이끌어 가는 데에는 준비하는 과정에 대한 부담감이 있어 스터디 카페에 참여하였습니다. 〈The Kinder Times(킨더타임즈)〉라고 하는 신문의 기사를 보며 읽고 암송을 했습니다. 예를 들어 calendar가 주제라면 주제에 대한 개념 정도를 익히는 5~6줄 정도의 문장으로 아이들이 쉽게 이해할 만한 문장들로 구성이 되어 있습니다. 이것을 암기하고 말해 보는 과정으로 심플해서 아이가 어렵지 않게 받아들였습니다.

저희가 진행한 킨더타임즈는 카페 내의 스터디가 주제와 연계된 수학이나 과학 등의 다양한 활동이 있었지만 저는 따로 교재를 하는 것도 있고, 아이와 무엇을 하든 짧고 쉽게 느껴야 한다고 생각했기에 딱 영어 암송 하나만 하자는 생각이었습니다. 다른 아이들이 재미있게 여러 활동을 하는 모습도 대견하고 부러워 몇 번을 시도해보았지만, 아이들 난이도에 맞지 않을 개념

들은 그냥 한 번 해본 다는 데 의미를 두는 정도였습니다.

아무리 좋은 스터디나 교재라 하더라도 한 가지에 집중하고 무엇이든 우리가 딱 소화할 수 있는 범위만큼만 하는 것을 항상 염두해 두었습니다. 문장을 반복적으로만 듣고 스크립트는 보지 않고 암기하는 것 보다 여러 번 듣고 따라 하다 한 문장 한 문장의 대표 이미지 사진이나 그림을 보고 암기를 하니 아이가 훨씬 더 잘 기억하기 쉽다고 느꼈습니다. 또한 암기라는 것이 쥐어짜 내듯 하지 않을 수 있다는 걸 알게 되었습니다.

이후 관련 그림 자료가 없을 때 둘째와 저는 이 방법에서 팁을 얻어 아이가 직접 그 문장에 연상되는 대표 이미지를 그리고 낭독해 보는 방법으로 확장해 보았습니다. 아이가 직접 그린 그림이니 기억하는데 훨씬 더 수월하고 보람되었습니다.

# 04

*

# 말하기가 되면
# 쓰기를 시작하자

아이가 어느 정도 읽고 말을 하는 단계가 되면 이제는 쓰기를 어떻게 하지 하는 고민이 시작됩니다. 듣기와 읽기, 말하기 각 단계에서 늘 같은 고민을 해왔고 이제는 또 어떻게 해야 할까? 라는, 또다시 처음 시작하는 것 같은 막막한 고민이 들어 심리적으로 가장 저를 나약하게 했습니다. 그럴 때마다 내가 할 수 있는 것이, 엄마가 해 줄 수 있는 것이 없는 것 같은 불안감이 밀려왔습니다.

영어라는 큰 범위 안에서 각각 따로 읽기, 듣기 말하기 쓰기 그리고 단어 문법 회화 슬랭들을 다른 과목처럼 각각 생각하고 있었기에 늘 처음 하는 것 같은 막막함이 생기는 것을 깨달았습니다. 사실 듣기와 읽기를 동시에 했었고 읽기를 연습하면서 연장선으로 읽은 책을 토대로 말하기를 연습했고 이제 읽기와 말하기의 연장선에서 쓰기가 유기적으로 연결된 언어의 한 부분임에도 따로 생각하게 되었던 것입니다. 이렇게 막힐 때마다 모국어는 어떻게 했지? 모국어는 쓰기를 어떻게 했지? 기억을 되돌려 생각해 보면 어렵지 않게 답을 찾을 수 있었습니다.

오디오북을 통해서 읽고 듣는 활동을 동시에 했던 것처럼, 쓰기를 말하기의 쓰기라고 생각하고 두 영역을 함께 하는 방향으로 바꾼 후 쓰기에 대한 마음이 한결 가벼워졌습니다. 초등학교 고학년이 될수록 우리 아이 친구들이 영어 학원에서 단어 테스트로 주말마다 암기 전쟁이 벌어진다는 이야기를 들었습니다. 이야기인즉 주말여행을 가는 차 안에서도 눈물을 흘리며 단어를 암기하며 여행길에 오르고, 여행 내내 단어암기로 너무 힘들었다는 하소연이 섞인 이야기를 들었습니다.

결국 단어 암기는 우리처럼 여러 번 써가며 외워야 하는 것이라는 결론을 내리는 주변 엄마들의 이야기를 종종 들었습니다. 단어를 어떻게 암기해야 하는지 아니 암기를 해야 하는 것인지 고민을 시작하게 되었습니다.

처음 영어 쓰기 활동은 모녀 관계 회복을 위해 잠깐 다녔던 영어책 읽기 공부방에서 팁을 얻어 진행한 '읽은 영어책의 제목 쓰기'였습니다. apple도 읽지 못하는 상태에서 시작한 읽기여서 글을 익히는 데 급급하여 말하기, 쓰기 등 다른 영역을 시도해 볼 여유가 전혀 없었습니다. 쓰기를 시킨다는 생각은 아예 하지도 못했을 정도였습니다. 하지만 아이가 어느 정도 읽기 레벨이 되는 시점에는 필사를 시작했습니다.

첫째가 학교에서 받아쓰기를 하는데 잘 안되는 한글 받침 교정을 위해 한글책 필사가 좋다는 말을 어디에선가 듣고 얇은 한글 그림책 필사를 몇 번 했었습니다. 그 생각이 나서 '아! 영어책을 필사해보자'는 생각에 바로 아이에게 가장 재미있게 읽은 책을 한 권 골라 오라고 하였습니다. 아이가 골라 온 책은 〈샬롯의 거미줄〉이었습니다. 오디오북으로 책 읽기를 끝낸 후 얼마 안 된 시점이어서인지 가장 기억에 남는 책이라고 했습니다.

손에 힘을 많이 주어 글씨를 쓰는 아이라 하루에 한 페이지나 반 페이지 정도 쓰기를 해도 힘들어 하는 날이 종종 있었습니다. 그래서 이후에는 노트에 직접 쓰기보다 컴퓨터 자판도 읽힐 겸 워드에 써보도록 유도하였습니다. 아무래도 방법이 달라지니 아이는 다시 흥미를 가졌습니다. 별거 아니지만 아이가 힘들어할 때마다 그만 두는 것보다는 다른 대안책이 없는지 생각을 하게 되었습니다. 조금만 방법을 달리하면 언제 힘들었냐는 듯 따라와 주는 것이 바로 아이들이라는 생각도 들었습니다.

아이가 필사를 하면서 한 덩어리의 단어를 암기했는지 확인을 하지 않았지만 꾸준히 읽기와 필사를 통해 따로 단어를 외우는 연습을 하지 않아도 되는지에 대한 답을 아이가 저에게 보여주었습니다. 자기만의 스토리를 영어로 몇십장씩 작성하고 어쩌다 한두 단어의 스펠링을 물어보는 경우를 제외하고는 곧잘 단어를 알고 있었습니다.

홈스쿨링을 떠났던 피지 사립학교에서는 일주일에 10개의 스펠링 테스트를 합니다. 우리가 일주일에 한 번씩 하는 받아쓰기와 같다고 볼 수 있습니다. 선생님은 칠판의 오른쪽 상단에 그 주에 배워야 할 단어 10개를 써놓고 아침과 오후 아이들과 큰소리로 매일 읽었습니다. 항상 칠판에 써 있고 매주 스펠링 테스트한다는 것을 알고 있으니 아이들의 눈은 그쪽으로 갔습니다. 첫째는 학교에서 돌아올 때 '엄마 나 이번 주 단어 4개 외웠다'라고 말하는 경우가 종종 있었습니다. 원어민 아이들은 대부분의 단어를 많이 들었던, 들으면 뜻을 알고 말을 할 수 있는 단어이기 때문에 단어를 여러 번 써보지 않아도 금방 익힐 수 있습니다. 사실 그것은 한국어를 쓰는 우리도 마찬가지입니다. 아이들이 학교에서 받아쓰기 하는 단어나 문장들이 우리가 자주 쓰는 일상어고, 책에 나오는 문장이고, 들으면 뜻을 알고, 입으로 말도 해 본 문장들이기에 몇 번의 연습만으로도 받아쓰기를 할 수 있는 것처럼 말입니다. 결국 많이 들어보고, 많이 말해 본 경험이 바탕이 된다면 일반적으로 단어를 빡빡 외우지 않아도 암기할 수 있다는 확신이 들었습니다.

단순 암기가 아니라 충분한 듣기를 통해서 탄탄한 기초를 만들어 준 후, 읽기로 눈에 자주 노출을 시켜주고, 필사를 통해 써봄으로써 효과적으로 단어를 익힐 수 있었습니다. 제가 내린 결론이 많이 써본다고 단어를 외울 수 있는 것이 아니라 단어 암기 역시 많이 들어봐야 한다는 것입니다. 듣기는 차고 넘치도록 해도 과하지 않습니다.

둘째는 한글을 뗄 때의 경험을 보아 확실히 시각적으로 단어를 받아들이는 게 느린 아이였습니다. 한글을 7세가 끝날 무렵에야 겨우 뗐으니 말입니다. 그래서 영어책 읽기를 8살에 본격적으로 시작할 때부터 바로 필사를 시작했습니다. 한글을 배울 때의 속도를 미루어 보아 오래 걸릴 거라고 생각해 조금이라도 오랜기간 단어를 노출해 준다는 생각이었습니다. 이제 겨우 한글을 쓰기 시작한 아이라, 쓰는 것을 좋아하지는 않았지만 매일 오디오북으로 읽은 책의 제목과 좋아하는 영어책에서 딱 한 문장만 쓰는 것으로 가볍게 시작하였습니다.

엄마표 영어는 매일 할 수 있으니 아이가 최대한 가볍고 쉽게 느낄 수 있도록 말입니다. 매일 똑같은 책 제목을 써도 아이가 그 스펠링을 다 외우는 데는 꽤 시간이 걸리는 것 같았습니다. 첫째에게는 확인하지 않았지만 둘째에게는 가끔 'Magic Tree House에서 Tree 스펠링은 뭐야?'라고 물어보기도 했습니다. 남자아이들이 밖에서 몸을 많이 움직일 때 뜬금없이 이런 질문을 하면 생각하느라고 잠시 멈칫했습니다. 그래서 가끔 자연스럽게 대화를 나누듯 물어보면 이후에 아이가 더 신경을 쓰고, 읽은 책 목록을 쓰는 것도 보았습니다. 제목을 쓸 때 엄마나 이거 외웠다며 자신감 있게 '티 알 이이'라고 말을 하는 것을 보면 말입니다.

아이마다 시기와 성향이 다 다르므로 내 아이의 상황에 맞게 매일 조금씩 쓰기와 읽기를 같이 하면, 단어 시험을 볼 때 한꺼번에 많은 에너지를 쏟지 않아도 되리라 생각합니다.

*

# 05

# 좋아하는 콘텐츠를
# 이용하라

    많은 아이가 게임을 좋아합니다. 게임을 무조건 못하게 하는 것이 답이라고 생각하지 않습니다. 게임을 하는 날과 시간을 정해놓고 제한된 콘텐츠 안에서 가이드라인을 주고 자율성을 주면, 아이도 자신을 제어하는 연습도 됩니다. 물론 잘 안되는 날이나 순간도 있습니다. 손님이 왔는데 너무 정리가 안되거나 여행을 가거나 친구들을 만나 게임을 하는 분위기가 조성이 되는 등 예기치 못한 경우는 늘 있었습니다. 하지만 게임과 그것보다 더한 많은 것들의 유혹과 함께 살아가야 하는 요즘, 큰 규칙의 틀을 정해놓고 자신을 제어하는 힘을 길러가야 한다고 생각합니다.

둘째는 3년 반 동안 영어를 듣기만 하고 말은 한마디도 못하던 아이였는데 초등학생이 되면서 게임에 눈을 떴습니다. 친구들이 보던 한국어 유튜브 게임 채널을 보고 싶다고 보채는 아이를 보며 매우 당황스러웠습니다. 보고 싶다는 채널을 잠깐 보니 유튜버들의 강한 어조와 아이가 배우지 않았으면 하는 말들이 많이 들렸습니다. 이건 최대한 늦게 했으면 한다는 생각이 들었습니다. 텔레비전을 영어 채널만 볼 수 있다는 우리 집의 규칙에 맞게 유튜브 역시 영어 영상만 볼 수 있다는 규칙을 이어갔습니다.

마인크래프트를 유독 좋아하고 관련 유튜브를 보고 싶어하는 둘째를 위해서 유튜브 검색어도 MineCraft 혹은 MineCraft for Kids라고 검색하여 해외 유튜버들의 방송을 시청할 수 있도록 했습니다. 해외 유튜버들도 욕이나 하지 말아야 할 말들을 사용합니다. 모국어로 들었을 때 제가 그것이 나쁜 말이라고 설명해 주지 않아도 아이는 뜻을 정확하게 압니다. 또한 강한 어조가 더욱더 깊게 다가오고 따라 말하기가 쉬운 환경입니다. 하지만 영어를 배우는 학습자의 시선으로 욕이 무엇인지 그것이 나쁜 말인지 아닌지는 알아야 한다고 생각했습니다. 아나운서 손미나 씨 역시 스페인어를 배울 때 현지인 과외 선생님께서 욕을 먼저 배우게 했다는 일화는 유명합니다.

1년 가까이 짬짬이 해외 게임 유튜브를 보던 아이는 'what the flip'라고 이야기를 했습니다. 그 말을 해야 하는 상황에 찰떡같이 그 말을 하는 것을 보면서 아이들이 가진 언어습득 능력은 다르다는 것을 느꼈습니다. 강한 어조라 저도 처음에는 이것이 내가 교정을 해주어야 하는 말인지 아닌지를 고민했습니다. 저도 영어 욕을 잘 모르기 때문입니다. 하지만 영어로 욕도 알아야 제가 아이에게 교정을 할 수 있고 나쁜 말이라고 정확하게 알려줄 수 있어 아이가 그런 말을 들을 상황을 만났을 때 다른 말로 대체할 수 있다고 생각합니다. 슬랭 사전을 찾아보니 그 말은 'what the fuck'과 같은 말이라는 것을 알았습니다. 그래서 아이에게 그런 말은 나쁜 말이라는 것을 알고는 있되 사용해서는 안 된다고 알려줄 수 있었습니다.

해외 방송은 국내 방송과 달리 다채로운 내용이 있어 아이들의 관심을 유도하기에 충분했습니다. 매주 정해진 요일에 해외 유튜버의 게임 채널을 보던 아이가 게임 캐스팅을 해보고 싶다고 했습니다. 둘째가 게임을 하면서 말로 설명을 하는 것으로 유튜버처럼 영상을 찍고 싶다고 하였습니다. 아이는 그동안 귀로 들었던 모든 것을 토해내듯, 유튜버를 완전히 스캔해서 억양도 똑같이 영어로 1시간 이상을 게임에 대해서 혼자서 떠들었습니다. 듣고 있던 저는 깜짝 놀랐습니다. 이렇게 많은 말을 영어로 할 수 있는 아이인지 정말로 몰랐습니다. 아이가 관심있는 분야인 게임에는 귀를 기울여 소리를 듣고 이해하고, 따라하려고 얼마나 온 힘을 다해 집중했을까 라는 생각이 들었습니다.

샘플 화상 영어를 해봐도 부끄러워서 말은 고사하고 얼굴도 들지 못했던, 책상 밑에 들어가 나오지 않아 수업할 수가 없던 난처한 기억이 있어 더욱더 놀랐습니다. 그래서 말하기는 언제하지? 하며 기대는 정말 하지 않고 그저 기다리자고 생각했습니다. 아이가 대학교에 가거나 성인이 되어 스스로 영어가 필요하다 느끼고 공부를 시작한다면 어렸을 때 꾸준히 책을 읽으며 많은 단어의 쓰임을 다양한 문장에서 만나본 아이이기 때문에 그 시작점이 다르지 않을까, 좀 더 쉽게 접근할 수 있기에 도움이 되지 않을까 하는 머나먼 그림을 그렸던 것이 둘째에 대한 저의 진심이었습니다. 또한 그것은 저 자신에 대한 위로였습니다. 그런데 생각보다 일찍, 게임이라는 좋아하는 콘텐츠를 통해서 말문을 트게 될 거라고는 상상도 하지 못했습니다. 긴 시간 동안 영어를 들었던 시간이 헛된 것은 아니었다는 것을 깨닫게 해 준 순간에 그저 감사했습니다. 또한 아이가 좋아하는 것에 적절하게 노출을 한다면 그 시너지는 엄청나다는 것을 둘째를 통해서 느꼈습니다.

게임을 할 수 있는 시간에는 오직 영어만을 사용한다는 규칙을 추가했습니다. 누나도 게임을 같이 하는 시간이라 둘이서 주거니 받거니 유튜버가 되어 영어로 대화하는 아이들을 볼 때면 정말 큰 보람을 느낍니다. 아이들이 가장 좋아하는 시간이니 만큼 이러한 규칙에 대한 거부감은 다행히 없었고, 제가 여러 번 규칙을 상기시키지 않아도 아이들은 곧잘 영어로 캐스팅을 이어갔습니다.

# 06

\*

# 거부시기를
# 슬기롭게 극복하라

아이가 영어 소리도 듣기 싫어할 때는 편법으로 '엄마 영어 공부하려고 틀어놓은 거니까 신경 쓰지 마!'하고 영어 CD를 온 집안에 울려 퍼지도록 틀어놓습니다. 아침에 아이들을 깨울 때도, 아침을 준비하면서도 자연스럽게 영어가 들리도록 꾸준히 노력했습니다.

그런데 사실 저를 위한 것도 있었습니다. 아이와 함께 집에서 영어 공부를 하려니 저도 공부해야겠다는 생각이 들었던게 사실입니다. 그래서 아이의 그림책을 읽을 때 발음 하나라도 의미 하나라도 좀 더 신경이 쓰이니 저도 아이 수준의 책을 틈틈이 공부해야 했습니다.

하기 싫다는 아이를 억지로 앉혀 놓으면 입은 꾹 다물고 고개는 푹 숙였습니다. 집중을 하는 건지 아닌 건지 도무지 알 수가 없는 아이때문에 여간 속을 끓었던 것이 아닙니다. 사실 집에서 아이와 함께 공부를 한다 하면 가장 어려운 것이 아이를 책상 앞에 앉히는 것이 아닐까 생각합니다. 하기 싫다는 아이를 설득해야 하는 일은 시작도 하기 전에 기운이 빠지기 마련입니다. 아이가 싫다는데 사실 뾰족한 수가 있을까 싶습니다. 하지만 계속해나가야 한다는 생각은 강한 의지로부터 온 것인지, 그동안 해온 습관 때문인지 혹은 이렇게 하지 않으면 학원으로 돌아가야 한다는 약간은 극단적인 판단 때문인지는 모르겠지만, 매일 놓칠 수 없다는 의지가 제 마음 깊이 단단하게 자리를 잡고 있었습니다. 오은영 선생님의 강의 중에서 공부를 하기 싫어하지만 해야 하는 이유는, 공부하는 과정에서 뇌가 발달한다고 했습니다. 열 개 중에 아홉 개를 틀려도 하나를 알게 되었을 때 효능감이 생기며, 인내와 끈기를 통해 인생은 최선을 다해서 살아가야 하는 거라는 태도를 배우며, 연습하는 과정이라고 이야기했습니다.

매일 갖은 핑계를 대며 하기 싫다고 하는 아이에게 가장 필요한 힘은 아이의 반응에 늘 담담하고 변함없는 엄마의 모습이 아닐까 생각합니다. 왜 하기 싫은지, 오늘 무슨 일이 있는지 등의 하기 싫은 이유를 아이로부터 찾으려고 하지 않아도 됩니다. 사실 특별한 이유 없는 투정일 때가 훨씬 많습니다. 그저 어떻게든 좋은 방향으로 아이와 한 문장이라도 시작하게 되면 아이는 어느새 집중할 준비태세를 갖추는 것을 여러 번 경험했습니다. 조심스레 여기까지만 해볼까 하면 금새 기분이 바뀌어 따라와 주었습니다. 이럴 때면 엄마표 영어가 다른 과목을 하는 것이 아니라 우리가 정성과 사랑을 다 하는 육아의 연장선 같다는 생각이 들었습니다. 언젠가 아이 스스로 밥 먹는 날을 기대하며, 밥 안 먹는 아이 한 숟가락이라도 더 먹이려고 수저를 들고 따라 다니는 것과 다를 바가 없었습니다. 반찬 투정을 한다고 이것 저것 해주고 사줘 가면서 어떻게든 밥을 먹이려고 하는 것과 같다는 생각이 들었습니다.

가끔은 당장 써먹을 수 있는 마법 같은 답을 만나기를 기대하며 관련 영상도 책도 많이 읽어 봤습니다. 물론 좋은 말도 많이 있지만 어떠한 방법을 제시한다기보다는 저에게 해주는 위로의 말로 들렸습니다. 묘약은 그저 싫은 날은 싫은 대로, 좋은 날은 좋은 대로 집중을 하든 안 하든 그냥 그 시간 그 자리에 앉아 하던 대로 하는 것이라는 것을 깨달았습니다. 우리도 10년 넘게 공부해 봤지만, 집중을 한 날도 있고 안 한 날도 있고, 다이어트 하자고 결심해 놓고 운동을 한 날도 안 한 날도 그런데로 지나오면 살고 있듯이 말입니다.

또한 아이가 하기 싫다고 하는 것은 오늘 하루 중 순간이고, 내일 하루 중의 순간이기도 합니다. 아이마다 거부 시기가 다르지만 그 순간순간 엄마의 의지가 중요한 '순간'입니다. 이 순간을 참고 견뎌낼 가치가 분명 있습니다. 영어책을 읽자고 앉으면 입이 이미 저만큼 나와 있는 첫째는 왜 해야 하는지 설명도 많이 했습니다. 아니면 하루에 3시간씩 매일 영어 학원 다녀야 하고 단어 테스트도 매주 한다고 협박 아닌 협박도 많이 했습니다. 하지만 아이가 이해하기 어려운 말들로 저 혼자 화를 내다 혼자 다독이는 꼴이었습니다. 저는 말하다 지치고 아이는 알아듣지도 못하고, 그저 엄마가 화가 났다는 사실만으로 슬퍼서 눈물 콧물로 책을 읽은 날이 많았습니다. 그럴 때마다 이렇게까지 끌고 가는 것이 맞는 것인지 자책이 들었습니다. 하지만 지나고 보니 그렇게라도 끌고 가는 게 맞았다는 생각이 듭니다.

재미있는 픽션 이야기를 주로 읽던 딸에게 논픽션 신문을 같이 읽으려고 준비를 했습니다. 아이와 마주 앉아 신문을 보여주며 일주일에 하나 정도 신문 기사를 읽자고 하자 아이는 온몸으로 거부하기 시작했습니다. 신문 위에 엎드려서 한참을 아무말도 안 하더니 갑자기 펑펑 울었습니다. 사춘기가 막 시작된 무렵이라 의자를 박차고 일어나지 않아서 오히려 감사했습니다. 아무 말도 하지 않고 그대로 기다려 주었습니다. 아이가 진정이 된 후 다시 읽자고 말을 하니 울먹이며 읽었습니다. 훌쩍이며 읽느라 끝까지 읽는데 3~4분가량이 걸렸습니다. 그 다음 날도 똑같이 진행했는데 어제보다 짧아진 1~2분가량 걸렸습니다.

양이나 내용이 부담스럽지 않다는 것을 경험으로 알게 되니 아이는 태도가 바뀌었습니다. 새로운 교재나 책이 낯설고 두려운 것을 엄마가 같이 잘 기다려주고 견뎌주기만 하면 된다는 것을 겪어왔으면서도 매번 당황스럽지만 늘 새롭게 겪게 됩니다.

초등학교 저학년 때에는 하기 싫다고 몸부림을 치는 아이를 앉히기가 어려웠던 반면, 고학년이 되면서는 혼자 방에서 엄마가 낸 숙제를 하고 나오겠다고 하며 문을 닫고 들어가 버리는 예상치 못한 일이 생겼습니다. 그리고 아무것도 하지 않고 시간만 흘려보내다 밖으로 나오는 아이를 보며 아이가 변하고 있는데 어떻게 대처해야 할지, 이대로 엄마표 영어는 끝인가 하는 위기감도 들었습니다. 아이가 변하고 있으며 자기 방에서 스스로 공부를 하는 연습을 하는 시간도 필요하다는 것도 느껴졌습니다.

집중이 되지 않는 날도 겪어보며 집중을 하고 자기의 일을 스스로 하는 연습을 스스로 하는 시간일텐데 그런 날이 하루 이틀 몇 달이 지나고 아이가 영어 공부를 하지 않아 불안해집니다. 이때 우리는 앞서 아이가 좋아하는 것이 무엇인지 찾기 위해서 눈치 보고 노력했던 것들이 빛을 발할 수 있습니다. 반드시 영어책이 아니어도 됩니다. 잠시 방향성이 같은 학원이나 선생님과 함께 공부할 수 있도록 한다든지 혹은 아이가 좋아하는 영화, 음악 등을 영어로 즐길 수 있도록 아이를 이끌어 준다면 영어 정체기를 지혜롭게 넘길 수 있지 않을까 생각합니다.

둘째가 거부하는 몸부림도 말은 최소한으로 하고 기다려 주었습니다. 아이 둘을 키워보니 아이가 의자에 앉을 때 이미 하기 싫은 마음을 20% 정도는 가지고 있다는 것을 전제로 하고 제 마음을 준비하게 되었습니다. 저도 여유가 조금은 생겼나 봅니다. 첫째는 그렇게 기다려주는 게 힘들었는데 말입니다. 그러나 무엇보다 아들은 딸과 달라 더욱더 기다려 줄 수밖에 없었습니다.

아이는 하기 싫다고 하지만 매일 해야 한다는 것을 더욱더 단호하게 강조하였습니다. 엄마가 있는 곳으로 와 눈물방울을 떨어 트리다가도 책상에 앉아 순간 집중을 하면 금새 눈물이 마르고 언제 그랬냐는 듯했습니다. 책의 내용이 들어오지 않는 날에도 그런대로 하루하루 이끌고 갔습니다. 물론 이렇게 실랑이를 하고 나면 힘도 빠지고 제 마음도 좋지 않지만, 아이와 책상에 앉으면 늘 마주하는 감정이기에 제가 이 감정을 이겨내는 수밖에 없다는 걸 알았습니다.

첫째를 통해서 지속하는 공부의 결과가 얼마나 어메이징한지를 보았기에 둘째는 더욱더 학원 보낼 생각을 하지 않았고 더 단호하게 둘째 아이에게 하루도 빠지지 않고 홈스쿨링을 해나갔습니다. 아이에게 유난히 단호하게 대한 날은 미안한 마음에 누워 베드 타임 책을 읽어주면 어느새 제 마음도 아이 마음도 풀려 있음이 느껴졌습니다. 마치 우리 둘 다 심장에 밴드 하나씩 나누어 붙이고 괜찮아 진 것처럼요. 그래서 이 치유약인 베드 타임 스토리는 아이들이 거부할 때까지 목이 터져라 읽어 줘야 하는 이유가 되었습니다.

첫째도 둘째도 매일 하기 싫다, 왜 해야 하냐고 눈물 콧물을 흘려도 늘 하던 대로 담담하게, 흔들리지 않고 튼튼한 뿌리 깊은 기둥 같은 엄마가 있어 주면 그것으로 충분했던 것입니다. 지금은 가끔 딸과 지난 이야기를 나누곤 합니다.

'그때는 정말 하기 싫었지만, 지금은 이렇게 영어로 무슨 말을 하는지 들리고 니가 원하는 말을 할 수 있어서 너무 좋지?' 하면 아무 말 없이 살짝 웃음을 보여주는 아이의 대답을 봅니다. 말로 표현하진 않아도 아이가 느끼는 성취감을 옆에서 같이 느끼며 함께 했다니 지난날들이 스쳐 지나가며 벅찬 감정이 올라옵니다. 초등학교에 들어가서 장래 희망을 무엇으로 얘기해야 할지 모르겠다고 말하던 아이는 다른 외국어도 배워보고 싶다고 스스로 이야기하고 외국학교로 유학을 하러 가고 싶어 영어가 더 좋다는 말을 합니다. 영어를 할 수 있다는 자신감이 꿈으로 이어지고 영어를 통하여 스스로 좀 더 넓은 세상으로 나가고 싶다는 즉, 새로운 것을 향한 호기심과 열망이 생긴 것 같습니다. 아직은 어리고, 억지로 끌고 가는 엄마 때문에 힘들기도 하겠지만 하루하루의 작은 성취감을 쌓아 올린 경험으로 본인의 꿈을 스스로 만들어갈 수 있는 것이 아닐까 생각합니다.

아이와의 관계가 나빠질까 봐 걱정이 되던 날도 많았습니다. 아이가 영어를 영원히 싫어하게 되면 어쩌지 하는 걱정에 멈칫하게 하는 순간들이었습니다. 하지만 이것 또한 과정이고 순간임을 제가 인지하고 있어야 했습니다. 평지만 걸을 수 없음을 마음속에 가지고 있다가 아이가 잘 따라와 주면 감사한 마음으로 아이에게 칭찬을 했습니다. '오늘 너무 잘했어'라고 안아주고 뽀뽀하며 마음으로 돌려주는 연습을 하며 저 또한 감정을 조절하게 되었습니다. 오늘 저녁에 공부시키려면 낮에 잘해줘야지 하는 생각도 했습니다.

사실, 밤에 자는 아이 쳐다보며 미안한 마음으로 내일은 잘해야지 하고 후회하는 것보다, 영어 공부 시키고자 하는 뚜렷한 목표 의식을 가지고 아이를 대하니 오히려 더 일관된 모습으로 아이들을 대할 수 있었습니다. 오래가야 하는 길에 하루하루 울고웃다보니 미운 정 고운 정이 드는 것도 사실입니다. 상황극에 장단을 맞추며 놀아주는 것을 못 하는 엄마이기에 아이와 아무 것도 하지 않고 같은 공간에서 시간을 보내는 것보다, 울고불고 하더라도 무언가를 아이와 함께하고 있다는 것과 매 순간 아이들이 한 단계 한 단계 발전해 나가는 것을 눈으로 보며 느끼는 보람에 경력단절 아이 엄마로 살아가는 저의 자존감도 보상받는 느낌입니다.

　영어 공부 그 이상, 내 아이가 어떤 아이인지도 조금은 보였습니다. 내 아이의 성향이 어떻고 학습하는 스타일은 어떤지, 공주 이야기만 좋아하더니 이제는 다른 이야기도 좋아하는구나 등 나와는 닮지 않은 또 다른 면이 있는 아이를 보게 되었습니다. 친구들과 왁자지껄 노는 것도 좋아하지만 혼자 있는 것도 좋아하는 아이였습니다. 누군가와 경쟁하는 구도를 썩 좋아하지 않았습니다. 내가 이끌고 가기 때문에 일상에서 아이를 좀더 의식적으로 유심히 관찰했습니다. 그러다 보니 아이가 커가는 것을 그대로 느낄 수 있었습니다. 이것이 아이와 언어를 학습하여 나오는 결과 그 이상의 가치라는 생각이 들었습니다.

　지금도 섣불리 아이는 영어 읽기 독립을 하고 힘든 과정은 끝이다 라고 말할 수 없습니다. 오늘까지 잘 따라오던 아이가 내일이면 하기 싫다고 온갖 핑계를 댈 수도 있습니다. 아이가 공부하기 싫다고 할 수 있다는 생각은 항상 제 마음속에 미리 준비해 둡니다. '엄마는 이렇게나 열심히 했는데 너는 이거밖에 못하겠니'라는 마음을 아이에게 주지 않기 위해 저 나름대로 준비해 둔 마음입니다. 최선을 다했으면 된 거라고요.

　학교나 학원 선생님께 듣는 피드백을 통해 아이가 이렇다 저렇다 듣는 것이 아니라 함께 공부해 보니 알게 된 아이의 공부 스타일을 파악할 수 있게 되었습니다. 선생님들의 피드백에 '아 우리 애가 그랬어요? 그래요?' 라고 이끌려 가는 것이 아니라 우리 아이의 방향성에 대해 주도적으로 의견을 내어 우리 아이는 이렇게 이렇게 하는 아이이니 천천히 잘 따라 올거라고 믿는다고 당당하게 말 할 수가 있었습니다.

첫째는 영어를 꾸준히 하면서 중국어도 꾸준히 해왔습니다. 중국어 한자를 익히기 위해서 몇 명의 선생님을 만났습니다. 아이가 한자 외우는 것을 어려워하고 쓰는 것 또한 좋아할 리 없다는 것을 알고 있었습니다. 많은 아이 중에 잘 따라오는 아이와 우리 아이와 비교가 되는 선생님의 염려스러운 피드백에 '저는 얘가 왜 이러지 다른 애들은 그냥저냥 시키는 대로 외우라면 외우는데 우리애는 왜 안 되지? 중국어가 너무 어렵나, 하기 싫은가. 지금은 해봤자 소용이 없을까 이러다 애만 잡는 거 아닌가' 하는 생각 대신 마음이 전혀 흔들리지 않고 다른 아이와 비교하지 않으며 아이에게 단단히 믿음이 생긴 저 자신을 만났습니다. '당연히 쉽지 않고, 하고 싶지 않은 것임을 알고 있으니 이 아이만의 속도로 아주 천천히 따라 오고 있을 테니 아이를 믿고 천천히 가겠습니다'라고 선생님께 제 생각을 정확하게 말씀드릴 수 있게 되었습니다.

제가 함께해 온 시간 덕분에 봐왔기 때문에 아이에 대한 확신과 믿음이 생긴 것입니다. 저는 아이와 영어라는 큰 산을 같이 넘어 보았고 현재도 넘고 있으며 아이가 빠르지 않다는 것도 알고 있었습니다. 또한, 공부를 하면서 얼마나 지루해할지, 한 시간에 화장실은 몇 번을 간다고 할지, 목은 또 얼마나 마를지, 얼마나 많은 핑곗거리를 댈지 알고 있기 때문입니다.

그것에 의연할 수 있는 굳은 살이 이미 저에게는 박혀 있고 그것이 아이에 대한 믿음으로 발전해 갔습니다. 아이에 대해 아는 것보다 더 순수하게 내 아이가 보입니다. 그리고 같이 이 힘든 산을 넘었을 때 함께 해 준 사람은 학원 선생님도 과외 선생님도 아닌 바로 엄마였다는 사실이 아이에게 또한 엄마에 대한 무한한 신뢰를 받을 수 있다는 것을 느낍니다.

< 추천의 글 >

저는 이 책의 저자인 김희진 작가님을 좋아합니다. 그녀에게서 쏟아지는 유쾌함, 무한 긍정, 무모해 보이는 용기, 계속되는 도전, 주저함 없는 실천력까지 모두 엄마인 제가 갖고 싶었던 것들이기에 그녀를 사랑하지 않을 수 없습니다. 그런 멋진 엄마가 내놓은 엄마표 영어에 관한 책을 소개하고 추천할 수 있어 벅찬 마음입니다.

저는 '슬기로운초등생활'이라는 채널을 운영하면서 스무 권이 넘는 자녀 교육서를 출간했습니다. 정말 다양한 분들과 소통해왔다는 의미인데요, '초등 영어'라는 키워드 때문에 괴롭고, 고민되고, 막막하고, 불안한 초등 엄마들을 마주하면서 내내 저를 괴롭혔던 부분이 있었습니다. 영어를 좋아하지도, 잘하지도 않는 엄마도 '엄마표 영어'가 가능하겠냐는 질문이 그것입니다. 죄송하지만 좋아하고 잘하던 과목이 영어였던 엄마인 제가 드릴 수 있는 답이 아니었기에 선뜻 답하기 어려웠습니다.

이 책에서 그 답을 찾았습니다. 그 질문과 고민에 너무도 유쾌하고 명확하게 답해줄 지극히 평범한 답이 이 책에 있습니다. 초등 영어에서 가장 중요한 건 정확한 문법과 유창한 억양을 가진 엄마, 잘 짜인 커리큘럼과 문법 교재가 아닌 일상에서 자연스럽게 영어에 노출해줄 수 있는 노력, 아이가 선뜻 도전해보고 싶도록 이끄는 영어에 관한 감정과 의지, 실제로 활용해볼 수 있는 다양한 경험의 제공임을 명확하게 알려주고 있습니다.

초등 영어는 자연스럽고, 즐겁고, 만만해야 하기에 이 책에 담긴 이야기들은 영어로 고민하는 초등 엄마의 일상을 조금씩 바꿔줄 거라 믿습니다.

이 책의 이야기 한 편, 한 편에 귀를 기울여 읽어봐 주십시오. 그리고 내가 할 수 있을 것을 찾아 하나씩 실천으로 옮겨보길 추천합니다. 남의 집 이야기로 끝나지 않도록 오늘부터 시작합니다. 기적은 멀리서 거창하게 시작되지 않습니다. 이제 우리, 차례가 되도록 말입니다.

자녀교육전문가. '슬기로운초등생활' 운영자
이은경

초등 영어,
엄마표 영어로
시작합니다

초판1쇄 인쇄 2021년 03월 04일
초판1쇄 발행 2021년 03월 14일

지은이 김희진
펴낸이 최병윤
편집자 이우경
펴낸곳 리얼북스
출판등록 2013년 7월 24일 제2020-000041호
주소 서울시 서대문구 증가로30길 29-2, 1층
전화 02-334-4045 팩스 02-334-4046

종이 일문지업
인쇄 수이북스

ⓒ김희진
ISBN 979-11-91553-31-4  03740
가격 13,000원